Guía para el Lenguaje Visual

Inglés para Hispanohablantes

D0810817

Barron's

Resumen gramatical 6

Repaso rápido 9

Miscelánea 15

Conversación 25

En movimiento 47

Alojamiento breve 85

Comer y beber 105

Compras 137

Playa, deporte y nauraleza 179

Hay muchas pequeñas diferencias entre el inglés norteamericano y el inglés británico en cuanto al vocabulario y a la pronunciación, pero en términos prácticos estas diferencias son de escasa importancia. De todos modos, deseamos dejar en claro que este es un libro de inglés norteamericano.

Estructura de frases

He aquí un ejemplo de la estructura de las frases en inglés:

Artículo	Adjetivo	Sujeto	Verbo	Adverbio	Objeto
The	tall	policeman	spoke	slowly	with my husband.
El	alto	policía	hablaba	despacio	con mi esposo.

Los artículos

En inglés, el artículo definido **the** siempre es igual; no cambia según singular o plural, y no hay sustantivos masculinos o femeninos:

   la ventana – the window; las ventanas – the windows
   el perro – the dog; los perros – the dogs
   el sol – the sun; los soles – the suns

Por lo común no se usa el artículo definido con términos empleados en un sentido general (tales como *la escuela, el humor,* o *la vida*):

   School finishes at 12:00 noon.

El artículo indefinido es **a** o **an**; se escoge **an** cuando el sustantivo que sigue empieza con una vocal o una *h* muda:

   a dog – an envelope – an hour

Sustantivos

Para formar el plural de un sustantivo, se añade **s** o **es** al final:

   cup – cups
   box – boxes

Si la palabra acaba en una consonante seguide de **y**, la palabra cambia a **–ies**. Si la **y** final sigue a una vocal, se forma el plural de manera normal:

   baby – babies
   story – stories
   key – keys

Hay varias excepciones, entre las cuales tenemos:

   man – men
   woman – women
   child – children
   mouse – mice
   foot – feet

Posesivos

Con las personas, se añade **'s** al final de la palabra:

   Mr. Miller's House – la casa del Sr. Miller

Si la palabra ya tiene **s** al final, se añade simplemente **'**:

   the girls' laughter – la risa de las chicas

Muchas veces se usa la palabra **of** cuando se trata de objetos o de cantidades:

   a bottle of wine – una botella de vino
   a box of chocolates – una caja de chocolates

Pronombres

No hay distinción entre *tú* y *usted*.

	Sujeto	Objeto	Posesivo 1	Posesivo 2
yo	I	me	my	mine
tú, usted	you	you	your	yours
él	he	him	his	his
ella	she	her	her	hers
ello	it	it	its	–
nosotros, -as	we	us	our	ours
vosotros, -as	you	you	your	yours
ellos, ellas	they	them	their	theirs

Adjetivos

Los adjetivos son invariables:

a large dog – un perro grande; large dogs – perros grandes

Con los adjetivos de una o dos sílabas se construye el comparativo añadiendo **-er** al final de la palabra; la terminación **-est** indica el superlativo.

great – greater – greatest

Con muchos adjetivos de dos o tres sílabas se usan las palabras **more** y **most**:

expensive – more expensive – most expensive

Adverbios

Se añade **-ly** a la forma de un adjetivo: **slow – slowly**

Verbos auxiliaries

to be	to have	to do
ser/estar	tener	hacer
I am	I have	I do
you are	you have	you do
he is	he has	he does
she is	she has	she does
it is	it has	it does
we are	we have	we do
you are	you have	you do
they are	they have	they do

En la conversación se usan varias contracciones (**I'm, you've**). Esto es igual con la negación (**you are not – you're not** o **you aren't**).

Verbos

Se añade **-s** a la tercera persona del singular:

	to go	to buy	to say	to think
	ir	comprar	decir	pensar
I	go	buy	say	think
you	go	buy	say	think
he/she/it	goes	buys	says	thinks
we	go	buy	say	think
you	go	buy	say	think
they	go	buy	say	think

Negación

La negación se hace añadiendo **not** o **do not / don't** a la frase:
I speak English – I do not / don't speak English.

Preguntas

Se usa el verbo **to do** también para preguntar: **Do you speak English?**
Hay una excepción en el caso de las oraciones que tienen una palabra interrogativa como sujeto: **Who speaks English?**

Pronunciación

Preferimos evitar una ortografía fonética e inauténtica. La experiencia nos muestra que los resultados de tal sistema no valen la pena. Además, usted puede simplemente señalar en este libro la mayoría de las cosas que necesita. No obstante, conviene conocer las normas más importantes de la pronunciación en inglés y es por eso que las presentamos a continuación:

	Norma	Ejemplo	Pronunciación
a	a veces, parecida a la pronunciación de la misma letra en español	father	fáther
	otras veces, como la e en **episodio**	area	éria
	o bien, una pronunciación intermedia entre los dos sonidos precedentes	fat	fat
c	ante *e, i,* o *y,* como s en **sierra**	receipt	ricít
	por lo demás, como k en **kilo**	come	kam
ch	como **ch** in **churro**	such	sach
g	ante *e, i,* o *y,* como la combinación **dsch**	jump	dschamp
	por lo demás, como g en **gordo**	got	gaht
i	a veces parecido al sonido **ay** en **hay**	nice	náys
	otras veces el sonido de la *i* es menos agudo que en español	win	uin
j	al principio de una palabra, como **dsch**	jump	dschámp
ll	siempre como la l de **loro**	bullet	búlet
qu	como k en **kilo**, más un sonido u	queen	kuín
r	menos fuerte que en español; no se hace vibrar		
s	por lo común, como s en **sapo**	see	si
	ante *i, u,* o *e,* como **sch** sonoro	usual	iúshual
	entre vocales y al final de una palabra, como un zumbido	please	plis
sh	un sonido suave y sordo entre **dsch** y **ch**	shop	shap
th	se pronuncia ceceando		
x	al principio de una palabra, como la s zumbada mencionada arriba	xylophone	sáilofon
	por lo demás, como el sonido **ks**	wax	uáks
y	como **ll** en **llave**	yes	lles
z	como la s zumbada	zoo	zu

Además de los sonidos mencionados arriba, hay una cantidad de diptongos (combinaciones de sonidos vocales) que se aprenderán con experiencia.
A diferencia del inglés británico, el sonido de la **o** ante una consonante en Norteamérica es menos "abierto". **Hot dog** se pronuncia casi como **hat dag**.

Las 11 palabras más importantes

Sí **yes**

No **no**

Por favor **please**

Gracias **Thank you! / Thanks!**

¡Perdón! **I'm sorry! / Sorry! / Excuse Me!**

No hay de qué. **Don't mention it!**

¡Adiós! **Good-bye!**

¿Cómo estás? **How are you?**

Bien, gracias. **Fine, thanks.**

¡Socorro! **Help!**

¡Buenos días!
Hello!

Las 22 expresiones más importantes

Me llamo ...
My name is ...

Soy de los Estados Unidos.
I'm from the United States.

¿Puede ayudarme, por favor?
Can you please help me?

¿Cómo dice usted?
Pardon me?

¿Qué es esto?
What is this?

¿Cuánto cuesta esto?
How much does this cost?

¿Habla usted inglés?
Do you speak English?

No le entiendo.
I don't understand you.

Yo hablo sólo un poco de español.
I only speak a little bit of Spanish.

Por favor, hable usted despacio.
Please speak slowly.

¿Puede repetir, por favor?
Can you please repeat that?

¿Puede escribirlo, por favor?
Can you write that down?

¿Cómo se dice eso en español?
How do you say that in Spanish?

Por favor, enséñemelo en este libro.
Please show it to me in this book.

Un momento.
Just a minute.

Tengo hambre.
I'm hungry.

Tengo sed.
I'm thirsty.

¡Déjeme en paz!
Leave me alone!

¡Lárgate!
Get away!

¿Qué me recomienda?
What would you recommend?

¿Dónde están los lavabos?
Where is the bathroom?

Me he perdido.
I am lost.

Aunque los norteamericanos hablan „americano", insisten en que hablan *English* en vez de *American*.

Lo que se escucha con frecuencia

¿En qué puedo ayudarle?
Can I help you?

Con mucho gusto.
With pleasure.

De nada.
Don't mention it.

Lo siento.
I'm sorry.

Está todo completo.
We are completely full.

No importa.
Doesn't matter. / That's all right.

¿De dónde es usted?
Where are you from?

¡Qué lástima! ¡Qué pena!
Too bad!

Hay muchas formas in inglés que se combinan, por ejemplo: I **do not** se vuelve
I **don't**; I **cannot** se convierte en I **can't**; I **am** se hace I'**m** y **That is** pasa a **That's**.

Los 33 verbos más importantes

trabajar (trabajé, trabajado) **work (-ed)**

obtener (obtuve, obtenido) **get (got, got)**

pensar (pensé, pensado) **think (thought, thought)**

recomendar (recomendé, recomendado) **recommend (-ed)**

contar (conté, contado) **tell (told, told)**

comer (comí, comido) **eat (ate, eaten)**

encontrar (encontré, encontrado) **find (found, found)**

preguntar (pregunté, preguntado) **ask (-ed)**

sentir (sentí, sentido) **feel (felt, felt)**

dar (di, dado) **give (gave, given)**

ir (fui, ido) **go (went, gone)**

creer (creí, creído) **believe (-ed)**

tener (tuve, tenido) **have (had, had)**

oír (oí, oído) **hear (heard, heard)**

comprar (compré, comprado) **buy (bought, bought)**

venir (vine, venido) **come (came, come)**

poder (pude, podido) **can (could, could)**

dejar (dejé, dejado) **let (let, let)**

leer (leí, leído) **read (read, read)**

gustar (gusté, gustado) **like (-ed)**

deber (debí, debido) **must (must, must) / have to... (had to ...)**

tomar (tomé, tomado) **take (took, taken)**

oler (olí, olido) **smell (-ed)**

decir (dije, dicho) **say (said, said)**

degustar (degusté, degustado) **taste (-ed)**

escribir (escribí, escrito) **write (wrote, written)**

Construcción de frases

Aun no conozca el idioma, usted puede construir fácilmente la mayoría de las oraciones importantes en inglés. Las oraciones siguientes son útiles como modelos. Se pueden simplemente sustituir las palabras subrayadas por las palabras que se necesiten. Es una cortesía empezar las preguntas y los pedidos diciendo "Perdón" (**Excuse me**).

Perdone, tiene ...
Excuse me, do you have ...

Tengo hambre.
I'm hungry.

Quisiera unas gafas para el sol.
I would like a pair of sunglasses.

Quisiera una habitación doble.
I would like a double room.

¿Tiene zapatos de gimnasia?
Do you have track shoes / running shoes?

¿Hay naranjas?
Are there any oranges?

Prefiero plátanos.
I would rather have bananas.

Quisiera agua mineral, por favor.
I would like some mineral water.

Busco un hotel.
I'm looking for a hotel.

¿Podría decirme qué hora es?
Can you tell me what time it is?

ver (vi, visto) **see (saw, seen)**

hablar (hablé, hablado) **speak (spoke, spoken)**

buscar (busqué, buscado) **look for ... (looked for ...)**

hacer (hice, hecho) **do (did, done)**

vender (vendí, vendido) **sell (sold, sold)**

saber (supe, sabido) **know (knew, known)**

escuchar (escuché, escuchado) **listen (-ed)**

En general *creer/pensar* (**believe**) se expresa mediante **think**.

Conversación diaria

¡achís! (estornudo)
Achoo!

¡Jesús! ¡Salud!
Bless you!

¡Que pase un buen día!
Have a nice day!

Gracias, igualmente.
Thanks, same to you!

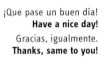

Para mí el menú del día.
I'll have the special of the day.

Para mí también.
So will I.

Hoy, no me siento bien.
I don't feel well today.

¡Que se mejore!
Get well soon!

¡Que se divierta!
Have fun!

Gracias, igualmente.
You, too!

En vez de **Just a minute** muchas veces se dice **Just a second.**

Términos comparativos

viejo, más viejo que, el más viejo
old, older, oldest

bueno, mejor, óptimo
good, better, best

caliente, más caliente que, el más caliente
hot, hotter, hottest

alto, más alto que, el más alto
high, higher, highest

joven, más joven que, el más joven,
young, younger, youngest

frío, más frío que, el más frío
cold, colder, coldest

corto, más corto que, el más corto
short, shorter, shortest

largo, más largo que, el más largo
long, longer, longest

lento, más lento que, el más lento
slow, slower, slowest

malo, peor, pésimo
bad, worse, worst

rápido, más rápido que, el más rápido
fast, faster, fastest

bonito, más bonito que, el más bonito
beautiful, more beautiful, most beautiful

profundo, más profundo que, el más profundo
deep, deeper, deepest

ancho, más ancho que, el más ancho
broad, broader, broadest

Términos opuestos

todo – nada
all – nothing

viejo – joven
old – young

viejo – nuevo
old – new

fuera – dentro
outside – inside

temprano – tarde
early – late

grande – pequeño
big – small

bueno – malo
good – bad

correcto – falso
right – wrong

rápido – lento
fast – slow

bonito – feo
beautiful – ugly

fuerte – débil
strong – weak

caro – barato
expensive – cheap

mucho – poco
much – little

lleno – vacío
full – empty

caliente – frío
hot – cold

Una gran cantidad del vocabulario en inglés viene del latín; por lo tanto, hay mucha palabras que se reconocen fácilmente en los dos idiomas.

Vocabulario importante

todos **all**

cuando **when**

otros / otras **other**

en **on**

de **from**

a **at**

entonces **then**

eso **that**

por eso **therefore**

estos / estas **these**

por **through**

un, uno **a, an**

algunos / algunas **some / a few**

para **for**

mismo, igual **same**

su **their**

en **in**

cada uno **each**

ahora **now**

con **with**

todavía **still**

sólo **only**

aunque **although**

o **or**

sin **without**

muy **very**

tal **such**

y **and**

de **of / from**

antes de **before**

porque **because**

poco **little**

si **if**

como **like**

de nuevo **again**

Preguntas sobre preguntas

¿cuándo? **when?**

¿qué? **what?**

¿por qué? **why?**

¿quién? **who?**

¿dónde? **where?**

¿cómo? **how?**

¿cuánto? **how much?**

¿cuántos? **how many?**

¿A qué distancia está ...? **how far is ...?**

¿cuánto tiempo? **how long?**

Esto y aquello

allá **there**

éste / ésta **this one**

ése / ésa **that one**

aquí **here**

La traducción de la palabra *grande* puede ser difícil en inglés; según el contexto puede ser **big, large, tall,** o **great.**

Números cardinales

cero **zero**	cuarenta **forty**
uno **one**	cincuenta **fifty**
dos **two**	sesenta **sixty**
tres **three**	setenta **seventy**
cuatro **four**	ochenta **eighty**
cinco **five**	noventa **ninety**
seis **six**	cien **one hundred**
siete **seven**	mil **one thousand**
ocho **eight**	diez mil **ten thousand**
nueve **nine**	cien mil **one hundred thousand**
diez **ten**	un millón **one million**
veinte **twenty**	mil millones **one billion**
treinta **thirty**	

Números ordinales

primero **first (1st)**	séptimo **seventh (7th)**
segundo **second (2nd)**	octavo **eighth (8th)**
tercero **third (3rd)**	noveno **ninth (9th)**
cuarto **fourth (4th)**	décimo **tenth (10th)**
quinto **fifth (5th)**	vigésimo **twentieth (20th)**
sexto **sixth (6th)**	trigésimo **thirtieth (30th)**

Fracciones y cantidades

un octavo **one eighth**	el doble **double**
un cuarto **one quarter**	un poco **a little**
medio **one half**	un par **a pair**
tres cuartos **three quarters**	una docena **a dozen**
una vez **once**	bastante / suficiente **enough**
dos veces **twice**	demasiado **too much**
tres veces **thrice**	más **many**
medio **half**	muchos / muchas **many**
mitad **half**	

Hemos escrito los números de las páginas de este libro, pues serán de gran ayuda si usted necesita saber cómo se dice un número en inglés.

Pesos

el gramo **gram**
la libra **pound**
el kilo **kilo**
la tonelada **ton**
la onza **ton**

Líquidos

el litro **liter**
medio litro **one half liter**
un cuarto de litro **one quarter liter**

Longitudes

el milímetro **millimeter**
el centímetro **centimeter**
el metro **meter**
el kilómetro **kilometer**
la pulgada **inch**
el pie **foot**
la yarda **yard**
la milla **mile**

Superficies

el metro cuadrado **square meter**
el kilómetro cuadrado **square kilometer**

Conversiones

1 ounce (oz)		= 28,35 g
1 pound (lb)	= 16 ounces	= 453,59 g
1 ton	= 2000 pounds	= 907 kg
¼ pound		= 113 g
½ pound		= 227 g
100 g	= 3,527 oz	
1 kg	= 2,205 lb	
1 inch (in)		= 2,54 cm
1 foot (ft)	= 12 inches	= 0,35 m
1 yard (yd)	= 3 feet	= 0,9 m
1 mile (mi)	= 1760 yards	= 1,6 km
1 cm	= 0,39 in	
1 km	= 0,62 mi	
1 square foot (ft^2)		= 930 cm^2
1 acre (A)		= 4047 m^2
1 m^2	= 0,386 mi^2	
1 ha	= 2,471 acres	
1 pint (pt)		= 0,47 l
1 quart (qt)	= 2 pints	= 0,95 l
1 gallon (gal)	= 4 quarts	= 3,79 l
¼ l	= 0,26 qt	
½ l	= 0,53 qt	
1 l	= 1,057 qt	
	= 0,264 gal	

El sistema decimal todavía no se adopta en Estados Unidos. Sin embargo los velocímetros de sus automóviles indican la velocidad en millas y en kilómetros.

Fechas y tiempos

¿Cuándo llega usted?
When do you arrive?

Nosotros llegamos el 15 de julio.
We arrive on the 15th of July.

Entonces, dentro de 15 días.
That is, in two weeks.

¿A qué día estamos? ¿Qué día es hoy?
What is the date today?

Estamos al primero de julio / Hoy es el primero de julio.
Today is the 1st of July.

¿A qué hora tenemos que estar?
At what time must we be there?

A las quince horas.
At 3 o'clock in the afternoon.

¿Cuánto tiempo se queda usted?
How long will you stay?

Nos quedamos hasta el 12 de agosto.
We will stay until the 12th of August.

Muchas veces se usa el futuro en inglés para mencionar una acción que en español se escribiría en el presente.

Días de la semana

lunes **Monday**
martes **Tuesday**
miércoles **Wednesday**
jueves **Thursday**
viernes **Friday**
sábado **Saturday**
domingo **Sunday**

Meses

enero **January**
febrero **February**
marzo **March**
abril **April**
mayo **May**
junio **June**
julio **July**
agosto **August**
septiembre **September**
octubre **October**
noviembre **November**
diciembre **December**

Feriados

Año Nuevo **New Year's day**
Viernes Santo **Good Friday**
Pascua **Easter**
Pentecostés **Whitsun, Pentecost**
Navidad **Christmas**
¡Felices Pascuas! **Happy Easter!**
Noche Vieja **New Year's Eve**
¡Feliz Navidad! **Merry Christmas!**
¡Feliz Año Nuevo! / ¡Próspero Año Nuevo! **Happy New Year!**

Tiempos

por la tarde **in the evening**
Es demasiado temprano. **That is too early.**
Es demasiado tarde. **That is too late.**
más temprano **earlier**
ayer **yesterday**
hoy **today**
dentro de quince días **in two weeks**
año **year**
ahora **now**
mediodía **at noon**
medianoche **midnight**
mes **month**
mañana **tomorrow**
por la tarde **in the afternoon**
por la noche **at night**
la salida del sol **sunrise**
la puesta del sol **sunset**
más tarde **later**
cada hora **hourly**
día **day**
diariamente **daily**
durante el día **during the day**
pasado mañana **the day after tomorrow**
anteayer **the day before yesterday**
antes **previously**
por la mañana **in the morning**
el fin de semana **weekend**

Estaciones

la primavera **spring**
el verano **summer**
el otoño **autumn / fall**
el invierno **winter**
la temporada alta **the busy season / high season**
la temporada baja **off season / low season**

A lo contrario del español, en inglés se escriben con mayúsculas los días de la semana y los meses del año.

Digamos la hora

¿Me puede decir qué hora es?
Can you tell me what time it is?

Las tres y diez minutos.
Ten minutes past three.

¿Funciona bien su reloj?
Does your watch have the right time?

Claro.
Of course.

Mi reloj está atrasado.
My watch is slow.

Lo siento, me he retrasado.
I am sorry, I'm late.

Para decir *Mi reloj se adelanta* y *Mi reloj se atrasa* se dice **My watch is fast** y **My watch is slow**.

las dos
two o'clock

las dos y cinco
five past two

las dos y diez
ten past two / two ten

las dos y cuarto
quarter past two

las dos y media
two thirty

las tres menos veinticinco
two thirty-five

Cuando se dice *De la mañana* la expresión en inglés es **a.m.** Para *De la tarde* se dice **p.m.** Se usan solamente los números 1-12 para decir qué hora es.

las cuatro menos veinte
twenty to four

las cuatro menos cuarto
quarter to four

las tres menos cinco
five to three

¿Me puede decir qué hora es?
Can you please tell me the time?

la hora
hour

el minuto
minute

el segundo
second

dentro de diez minutos
in ten minutes

dentro de una hora
in an hour

dentro de media hora
in half an hour

las doce en punto
exactly 12 noon

Si se quiere especificar media hora, se puede decir **half an hour** o **a half-hour**.

El clima

Tormentas en el noroeste. Cielo casi despejado en el sur de Canarias, Baleares, Andalucía, Murcia, al sur de Valencia, al sur de La Mancha y en Extremadura. Parcialmente nuboso en el centro, norte de Baleares, de Canarias, al norte de Valencia y en las zonas montañosas de la parte central del sur, especialmente en Gredos, sierra de Aracena y Nevada. Intervalos nubosos en el sur de Castilla y de León, norte de La Mancha, al norte de Valencia y de Aragón, Rioja, Navarra e interior de Cataluña, y con chubascos ocasionales en el Cantábrico. Cielo nuboso con precipitaciones en la cordillera cántabro-pirenaica y en Galicia, más abundantes en la costa atlántica.

Storms in the northeast. Skies are almost clear south of the Canary and Balearic Islands, Andalusia, Murcia, south of Valencia, La Mancha, and Estremadura. Partly cloudy in the central regions, north of the Balearic and Canary Islands, north of Valencia and in the mid-south mountain areas, especially Gredos and the Aracena-Nevada mountain ranges. Cloudy south of Castile and Leon, north of La Mancha and north of Valencia and Aragon, Rioja, Navarre and the interior of Catalonia, with occasional downpours in the Cantabrian Mountains. Cloudy skies with rain in the Cantabrian-Pyrenean range and in Galicia, with worsening weather in the Atlantic coast.

Spanish	English
¿Qué tiempo hará hoy? **How will the weather be today?**	Estamos a 15 grados. **It is 15 degrees Celsius**
Seguirá haciendo buen tiempo. **It will stay nice.**	¿Siempre hace tanto calor? **Is it always so hot?**
Habrá buen tiempo. **It will become nice.**	Esta noche ha helado. **It froze at night.**
Puede que llueva. **It's supposed to rain.**	Las calles están ... **The streets are ...**
¿Cuánto tiempo lleva lloviendo? **How long has it been raining?**	mojadas. **wet.**
¿Cuánto tiempo seguirá lloviendo? **How much longer will it rain?**	heladas. **slippery.** cubiertas de nieve. **snow-covered.**
¿A cuántos grados estamos hoy? **What is the temperature today?**	secas. **dry.**

Además del sentido *resbaloso*, la palabra **slippery** puede significar deshonesto.

el despejo **clearing**

el relámpago **lightning**

el trueno **thunder**

el hielo **ice**

la helada **frost**

en algunas regiones **in some regions**

la tormenta **storm**

el hielo resbaladizo **sheet ice**

la nieve granizada **sleet**

el granizo **hail**

el calor **heat**

alta presión **high pressure**

los valores máximos **maximum values**

la marea alta **high tide**

el aire **air**

la humedad **humidity**

calor moderado **moderately warm**

la niebla **fog**

la llovizna **drizzle**

el ozono **ozone**

el charco **puddle**

la nieve polvo **powder (snow)**

la lluvia **rain**

el chaparrón **showers**

la nieve **snow**

las cadenas antideslizantes **snow chains**

el sol **sun**

la tormenta **storm**

el tifón **typhoon**

el deshielo **thaw**

baja presión **low pressure**

los valores mínimos **minimum values**

la inundación **flood**

pocos cambios **little change**

el viento **wind**

el ciclón **tornado**

las nubes **clouds**

Fahrenheit y Centígrado

En Norteamérica se usa el sistema Fahrenheit para medir las temperaturas. La fórmula para la conversión de un sistema al otro es complicada. Para obtener la temperatura en grados centígrados, se toma la temperatura en Fahrenheit y se resta 32; entonces se multiplica por 5 y se divide el resultado por 9. Para convertir centígrados a Fahrenheit, se multiplica la temperatura en grados centígrados por 5 y se divide por nueve; luego se añade 32. La tabla siguiente provee una comparación entre ambos.

°F	°C	°F	°C
0	−17,8	75	23,9
10	−12,2	76	24,4
15	−9,4	77	25,0
20	−6,7	78	25,6
25	−3,9	79	26,1
30	−1,1	80	26,7
32	0,0	81	27,2
35	1,7	82	27,8
40	4,4	83	28,3
45	7,2	84	28,9
50	10,0	85	29,4
60	15,6	86	30,0
61	16,1	87	30,6
62	16,7	88	31,1
63	17,2	89	31,7
64	17,8	90	32,2
65	18,3	91	32,8
66	18,9	92	33,3
67	19,4	93	33,9
68	20,0	94	34,4
69	20,6	95	35,0
70	21,1	96	35,6
71	21,7	97	36,1
72	22,2	98	36,7
73	22,8	99	37,2
74	23,3	100	37,8

High y **low** significan *zona de altas presiones* y *zona de bajas presiones*, respectivamente.

¡No olvidar!

las botas de goma
rubber boots

Está / hace / hay ... **It is ...**
Está nublado. **cloudy.**
Está brumoso. **hazy.**
Hace mucho calor. **very hot.**
Hace frío. **cold.**
Hay niebla. **foggy.**
Hace calor sofocante. **muggy.**
Hace sol. **sunny.**
Está tempestuoso. **stormy.**
Está seco. **dry.**
Hace calor. **warm.**
Está inestable. **variable / changeable.**
Hace viento. **windy / breezy.**

Está ... **It is ...**
lloviendo. **raining.**
nevando. **snowing.**

el paraguas
umbrella

las gafas para el sol
sunglasses

la sombrilla
parasol / sun umbrella

Pronunciación

A apple	**J** jam	**S** snow
B ball	**K** kitten	**T** toy
C cat	**L** lamb	**U** umbrella
D dog	**M** money	**V** victory
E elephant	**N** nut	**W** wing
F fox	**O** orange	**X** xylophone
G golf	**P** paper	**Y** yellow
H house	**Q** queen	**Z** zebra
I ice	**R** rabbit	

El término **Indian Summer** significa un período en el otoño cuando vuelve por un rato el calor del verano.

Conversación

Primer contacto

Es relativamente fácil conocer a otras personas en Norteamérica. Por lo común la gente es abierta y amigable, y espera estas mismas cualidades en los visitantes. Muchas veces la gente se saluda diciendo **How are you?** (¿Cómo está usted?) aunque estén pasando uno a otro y ni se detengan. De hecho, no se espera una explicación detallada de cómo Ud. se siente, sino un simple **Fine, thanks.**

Es de cortesía decir **thanks, thank you,** o aun **thanks very much.** Si Ud. necesita pedir información, es aconsejable empezar la pregunta diciendo **Excuse me** (Disculpe), además de **Sir** o **Madam.**

Los norteamericanos han desarrollado el arte del **small talk** (comentarios superficiales). La gente habla de todo bajo el sol. Pero es aconsejable que Ud. se abstenga de expresar opiniones negativas de los Estados Unidos. Sin embargo la naturaleza abierta de los norteamericanos puede producir algunos malentendidos; una actitud amistosa y una conversación agradable no son necesariamente una invitación a nada más.

Las conversaciones se desarrollan de manera rápida y animada. Ud. puede indicar simplemente que no habla mucho inglés, y la gente será considerada con Ud., tratando a veces de desenterrar lo poco que conocen del español.

Con respecto a las invitaciones: se debe tomar en serio una invitación a la casa de un interlocutor sólo cuando se especifican claramente la fecha y la hora.

¡Hola!
Hello!

Buenos días.
Good morning.

Buenos días.
Good day.

Buenas tardes.
Good evening.

Buenas noches.
Good night.

¿Cómo está?
How are you?

Bien, gracias.
Fine, thank you.

¿Cómo se llama?
What is your name?

Adiós.
Good-bye.

¿Cómo dice usted?
Pardon me?

¿Habla usted español?
Do you speak Spanish?

No le he entendido.
I have not understood you.

Desgraciadamente hablo muy poco inglés.
Unfortunately, I speak only a little bit of English.

¿Puede repetirlo, por favor?
Can you please repeat that?

¿Me lo puede anotar, por favor?
Can you please write that down?

En la conversación de todos los días, se dice **Hello** o **Hi** en vez de **Good day.**

¡Hola!
Hello!

¡Buenos días!
Good day!

¿Cómo está usted?
How are you?

Bien, gracias.
Fine, thanks.

Encantado de verlo.
Nice meeting you.

El gusto es mío.
Same here!

¡Adiós! ¡Hasta
luego!
Good-bye!

Ha sido un placer
saludarle.
**It was nice to have
met you.**

En vez de *¿Cómo estás?* (**How are you?**), los norteamericanos suelen decir **How are you doing?** o **How's it going?**

Lo que usted oye

Where are you from?
¿De dónde es usted?

How long have you been here?
¿Cuánto tiempo lleva usted aquí?

Do you like it?
¿Le gusta?

Is it your first time here?
¿Es la primera vez que viene?

How long are you staying?
¿Cuánto tiempo se queda?

May I introduce you?
Permítame que le presente.

Saludos

¿Cómo va?
How is it going?

¿Qué pasa?
What's happening? / What's going on?

¡Oiga!
Hi, there!

¡Hola amigos!
Hi folks!

¡Hola compañero!
Hi pal!

¡Me alegro de verte!
Good to see you!

¿Qué tal?
What's new?

¡Estoy muy bien!
Doing great!

Regular.
Doing okay.

¡Que tenga un buen día!
Have a nice day.

¡Hasta pronto!
See you later!

¡Cúidate!
Take care!

Hasta luego.
So long!

Frases breves

¿De veras?
Oh, really?

Eso es cierto.
That is right.

Eso es interesante.
That is interesting.

No lo sabía.
That is news to me.

Estoy de acuerdo.
I agree.

No estoy de acuerdo.
I don't agree.

Eso me gusta.
I like that.

Sería magnífico.
That would be nice.

¡Fantástico!
Great!

Podría ser.
Could be.

Quizás.
Maybe.

Probablemente.
Probably.

No sé.
I don't know.

Un momento, por favor.
Just a minute, please.

¿Me permite ...?
May I? / Excuse me!

¡Buena suerte!
Good luck!

¡Que te diviertas!
Have fun!

¡Que te vaya bien!
All the best!

¡Bienvenido!
Welcome!

Desgraciadamente no tengo tiempo.
Unfortunately, I have no time.

En seguida vuelvo.
I'll be right back.

Take care (Ten cuidado) es otra manera de decir *hasta luego*.

¡Disculpe!

Perdone, ¿cuánto cuestan
estos zapatos?
**Excuse me, how much do
these shoes cost?**

Lo siento, yo no trabajo aquí.
I'm sorry, I don't work here.

¡Perdone!
Excuse me please!

¡No importa!
No problem!

No hay de qué se traduce como **Don't mention it**; muchas veces cuando una persona se disculpa, la respuesta es **No problem**.

Presentaciones

Yo me llamo ...
My name is ...

¿Cómo se llama usted?
What is your name?

¿Cuántos años tiene usted?
How old are you?

Tengo 25 años.
I am 25 years old.

¿Está usted casado?
Are you married?

Soy soltero.
I am single.

¿Tiene usted hijos?
Do you have any children?

¿A qué se dedica usted?
What do you do for a living?

¿Adónde viaja usted?
Where are you travelling to?

¿Cuánto tiempo se queda?
How long will you stay?

Estoy ...
I am on ...
   en viaje de negocios.
   a business trip.
   de vacaciones.
   vacation.
   Continuaré mi viaje a ...
   I am traveling on to ...

Me gustaría visitar las siguientes ciudades.
I would like to visit the following cities.

Paso la noche ...
I am spending the night ...
   en un hotel.
   in a hotel.
   en casa de amigos.
   with friends.

Encantado de haberlo conocido.
It was very nice to meet you.

Permítame que le presente.
May I introduce?

Tratamientos

Señor	Mister (Mr.)
Señora	Missus (Mrs.)
Señorita	Miss (Miss)
Señoras y Señores	Ladies and Gentlemen

Cada vez se usa más en inglés el término **Ms** para referirse a *señorita* o *señora*. Muchos norteamericanos lo prefieren por ser indiferente al estado civil de la mujer.

¿De dónde viene usted?

¿De dónde es usted?
Where are you from?

Soy de Argentina.
I'm from Argentina.

Soy de México.
I'm from Mexico.

Soy de Venezuela.
I'm from Venezuela.

Muéstreles a sus amigos de dónde Ud. viene, e invítelos a mostrarle de dónde vienen ellos o sus antepasados.

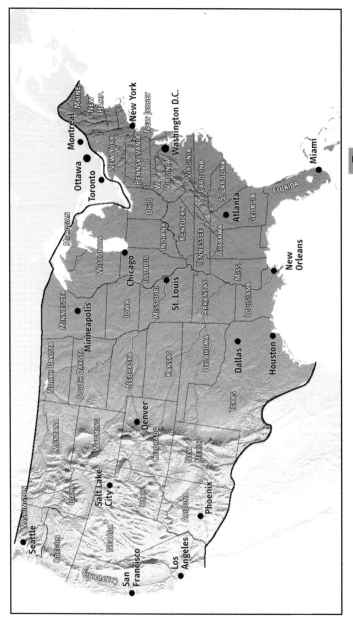

Los obreros de fábrica se llaman **blue-collar workers** (trabajadores con cuello de camisa celeste), mientras que los oficinistas se apodan **white-collar workers**.

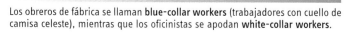

Parientes

el marido **husband**	la tía **aunt**
la mujer **wife**	el nieto **grandson**
el amigo **friend**	la prima **cousin**
el conocido **friend / acquaintance**	el primo **cousin**
la novia **fiancée**	el sobrino **nephew**
el novio **fiancé**	la sobrina **niece**
la hija **daughter**	
el hijo **son**	
el hermano **brother**	
la hermana **sister**	
el padre **father**	
la madre **mother**	
el abuelo **grandfather**	
la abuela **grandmother**	
el yerno **son-in-law**	
la nuera **daughter-in-law**	
el suegro **father-in-law**	
la suegra **mother-in-law**	
el tío **uncle**	

Ocupaciones

¿A qué se dedica?
What do you do for a living?

Trabajo en una fábrica.
I work in a factory.

Trabajo en la empresa XYZ.
I work for the XYZ company.

Trabajo en el comercio al pormenor.
I work in retail sales.

Todavía voy al colegio.
I'm still at school.

¿Qué estudia?
What are you studying?

Estudio arquitectura.
I'm studying architecture.

Soy funcionario.
I am an official / a civil servant

En Norteamérica, **I'm in school** puede significar **I'm in college** *(Soy estudiante de universidad)*.

Profesiones

el médico
doctor

el albañil
construction worker

el cocinero
cook

el pintor
painter

el albañil
mason

el deshollinador
chimney sweep

el jefe de departamento **department head**

el enfermero geriátrico **geriatric nurse**

el empleado **employee**

el abogado **lawyer**

el obrero **worker**

el desempleado **unemployed**

el arquitecto **architect**

la arquitectura **architecture**

el ejército **army**

la auxiliar de médico **doctor's assistant**

el aprendiz **trainee**

el mecánico **mechanic**

el autor **author**

el panadero **baker**

el funcionario **official / civil servant**

el economista **economist**

el biólogo **biologist**

el contable **bookkeeper**

el librero **bookseller**

la química **chemistry**

el químico **chemist**

el tejador **roofer**

el decorador **decorator**

el farmacéutico **pharmacist**

el experto de informática **computer expert**

Los norteamericanos tratan de evitar los términos que indican el sexo. De este modo, *vendedor* y *vendedora* son **salesperson**.

Profesiones

el comercio al por menor **retail**

el electricista **electrician**

el maestro / el profesor **teacher**

el obrero especializado **skilled worker / specialist**

el fotógrafo **photographer**

el profesional independiente **freelancer**

el peluquero **hairdresser**

el nivel administrativo **management level**

el jardinero **gardener**

el propietario de un hotel, restaurante, etc. **hotelier**

la filología inglesa **English language and literature**

el vidriero **glazier**

el artesano **craftsperson**

la ama de casa **housewife**

el abogado **lawyer**

el joyero **jeweler**

el comerciante **businessman / merchant**

el camarero **waiter**

el mecánico de automóviles **car mechanic**

la enfermera **nurse**

el artista **artist**

el agricultor **farmer**

el profesor **teacher**

el corredor (de bolsa, de comercio) **broker / agent**

el gerente **manager**

el mecánico **mechanic**

la medicina **medicine**

el maestro **master**

el carnicero **butcher**

el músico **musician**

el notario **notary**

el servicio público **government service / public service**

el óptico **optician**

la ama de casa **homemaker**

la partera **midwife**

el paramédico **paramedic**

la universidad **college, university**

la industria **industry**

el ingeniero **engineer**

el plomero, el fontanero **plumber**

el periodista **journalist**

el derecho **law**

Como en español, hay una diferencia entre un **acquaintance** y un **friend** (un conocido y un amigo).

Profesiones

el sacerdote **priest**
la farmacia **pharmacy**
la filosofía **philosophy**
la física **physics**
el policía **police officer**
el presidente **president**
la producción **production**
el profesor **professor**
el programador **programmer**

el cerrajero **locksmith**
el sastre **tailor**
el carpintero **carpenter**
el escritor **writer**
el zapatero **shoemaker**
el alumno **student**
el asesor fiscal **tax advisor**
el estudiante **student**
el taxista **taxi driver / cab driver**
el veterinario **veterinarian**
el relojero **watchmaker**
la readaptación profesional **retraining**
el empresario **entrepreneur / businessman**
el vendedor **salesperson**
la administración **administration**
el científico **scientist**
el dentista **dentist**
el técnico dental **dental technician**
el carpintero **carpenter**

el psicólogo **psychologist**
la psicología **psychology**
el abogado **lawyer**
el jubilado **retired person**
el juez **judge**
el actor **actor**

Cuando está en el ejército, un norteamericano está **in the service.**

¿Cómo está usted?

¿Cómo está usted?
How are you?

Regular.
So-so.

Muy bien.
Great!

Me siento de maravilla.
I feel terrific!

Tengo una sensación maravillosa.
I have a wonderful feeling!

Estoy enamorado.
I am in love.

No me siento muy bien.
I'm not feeling very well.

Estoy ...
I am ...
  deprimido.
  depressed.
  frustrado.
  frustrated.

cansado.
tired.
enfermo.
sick.
enojado.
angry.
molesto.
annoyed.

Tengo frío.
I am feeling cold.

Tengo calor.
I am feeling warm.

Estoy preocupado.
I am worried.

Palabras dulces

Tesoro.
Sweetheart.

Cariño.
Darling.

I fell head over heels in love significa que la persona está perdidamente ena-
morada.

¡Felicitaciones!

¡Que te vaya bien!
All the best!

¡Mucho éxito!
Lots of success!

¡Buena suerte!
Good luck!

¡Que te mejores!
Get well soon!

Felicidades ...
Congratulations ...
    por tu cumpleaños.
    on your birthday.
    por el ascenso.
    on your promotion.
    por el nacimiento de tu hija /
    hijo.
    on the birth of your son /
    daughter.
    por el compromiso.
    on your engagement.
    por la boda.
    on your wedding.
    por las bodas de plata.
    on your silver wedding
    anniversary.
    por las bodas de oro.
    on your golden wedding
    anniversary.

Opinión

¿Cuál es su opinión?
What is your opinion?

Soy de su opinión.
I totally agree with you.

No soy de la misma opinión.
I have a different opinion.

En mi opinión ...
In my opinion ...
    deberíamos regresar.
    we should go back.
    deberíamos volver.
    we should turn back.
    deberíamos volver a casa.
    we should go home.
    eso es incorrecto.
    that is wrong.
    eso es correcto.
    that is right.

¡Qué porquería!
What a mess!

Entusiasmo

asombroso
amazing

fantástico
fantastic

magnífico
gorgeous

estupendo
great

excelente
awesome

maravilloso
wonderful

Indignación

¡Es un descaro!
That is shameless!

¡Tonterías!
Nonsense!

¡Déjelo!
Stop that!

¡Déjeme en paz!
Leave me alone!

¡No se atreva!
Don't you dare!

¡Qué desvergüenza!
What nerve!

Dos expresiones corrientes que significan *maravilloso* son **great** y **terrific**.

Problemas

¡Ayúdeme, por favor!
Can you please help me!

No veo bien.
I don't see well.

No oigo bien.
I don't hear well.

Me siento mal.
I feel sick.

Estoy mareado.
I am dizzy.

Por favor, llame a un doctor.
Please call a doctor.

Insultos

¡Imbécil!
Fool!

¡Mierda!
Shit!

¡Idiota!
Idiot!

¡Estúpido!
Imbecile!

¡Cretino!
Moron!

¡Bruta!
Dumb bitch!

Primer encuentro

¿Puedo sentarme aquí?
May I join you?

¿Viaja usted sola?
Are you travelling alone?

¿Está usted casada?
Are you married?

¿Tiene novio?
Do you have a boyfriend?

Usted es muy simpática.
I think you're very nice.

Eres muy agradable.
You are really sweet.

¿Qué planes tiene para esta noche?
Do you have anything planned for this evening?

¿Salimos juntos?
Shall we do something together?

¿Salimos juntos esta noche?
Shall we go out together this evening?

¿Me permite invitarla a comer?
May I invite you to lunch / dinner?

¿Cuándo nos vemos?
When should we meet?

A las ocho enfrente del cine.
At 8 o'clock in front of the movie theater.

Puedo pasar a recogerla.
I can pick you up.

Lo espero con mucho gusto.
I am looking forward to it.

Gracias por la maravillosa velada.
Thank you for a wonderful evening.

Me encantaría volver a verla.
I would be very happy if I could see you again.

¿Me permite que la lleve a su casa?
Can I bring you home?

No se debe omitir una de las groserías más corrientes del inglés: **Fuck you!** (imprecisamente traducida como ¡*Vete a la mierda!*)

Congeniando

¿Puedo sentarme aquí?
May I join you?

¿Por qué no?
Sure, why not?

¿Desea tomar algo?
Would you like something to drink?

Sí, gracias, me parece muy buena idea.
Yes, that's a good idea.

Usted es muy simpática.
I think you're very nice.

¿Qué planes tiene para esta noche?
Do you have anything planned for this evening?

Tengo que encontrarme con mi marido.
I am meeting my husband.

Al flirtear, hay que tener cuidado. Lo que entre los latinos se considera demostración de interés a menudo es considerado acoso sexual en Norteamérica.

Cortés pero firme

Estoy esperando a ...
I am waiting for ...
  mi marido.
  my husband.
  mi mujer.
  my wife.
  mi novio.
  my boyfriend.
  mi novia.
  my girlfriend.

Encantado de conocerlo, pero desgraciadamente ahora tengo que marcharme.
It was nice meeting you, but unfortunately I have to go now.

Desgraciadamente no tengo tiempo.
Unfortunately, I have no time.

Tengo ya otros planes.
I already have something else planned.

¡Por favor déjeme en paz!
Leave me alone, please!

¡Por favor, vete!
Please go now!

Me estás molestando.
You are bothering me.

Descortés y muy firme

¡Deje éso!
Stop that!

¡Basta ya!
Stop that immediately!

¡Lárgate!
Go away!

¡Vete al carajo!
Get the hell out!

¡Manos quietas!
Take your hands off me!

¡Llamo a la policía!
I'll call the police!

Esta persona me está importunando.
This person is becoming offensive.

Esta persona me está amenazando.
This person is threatening me.

¡Esto de pone serio!

Me he enamorado de ti.
I have fallen in love with you.

Quisiera hacer el amor contigo.
I would like to make love to you.

¿Vamos a tu casa o a la mía?
Your place or mine?

¡Pero sólo con condón!
But only with a condom!

La palabra para *amigo* o *amiga* en inglés es **friend**. También existen **boyfriend** y **girlfriend**, que significan *novio* y *novia*.

Al teléfono

Editorial Barron's, buenos días. ¿En qué puedo servirle?
Good day. This is the Barron's publishing house. May I help you?

Quisiera hablar con el Sr. García.
I would like to speak to Mr. García.

¿Con quién hablo?
Who is calling?

Me llamo Juan Bueno.
My name is Juan Bueno.

Un momento, ahora lo comunico.
Just a minute, I'll connect you.

Desgraciadamente la línea está ocupada. ¿Le importaría esperar?
Unfortunately, the line is busy. Would you like to hold?

Llamaré más tarde.
I'll call again later.

Los norteamericanos pueden decir **I didn't catch your name** cuando quieren decir **I didn't understand your name**.

Uso del teléfono

¿Está Pablo?
Is Pablo there?

Con él habla.
Pablo speaking.

¿Con quién hablo?
To whom am I speaking?

¿Podría ponerme con el Sr. García?
Could you connect me with Mr. García?

Espere un momento, por favor.
Please stay on the line / Please hold.

No responde nadie.
There is no reply.

Está en otra línea.
He is on another line.

¿Puedo dejar un recado?
Can I leave a message?

¿Puede repetir despacio el número de teléfono, por favor?
Can you please repeat the phone number slowly?

Perdone, me he equivocado de número.
I'm sorry, I have dialled the wrong number.

Lo siento, no he entendido su nombre.
Excuse me, I didn't understand your name.

¿Puedo volver a llamarle?
Can I call you back?

Muchas gracias por su llamada.
Thanks for your phone call.

Número inexistente.
There is no such number.

el móvil / el celular
cell phone, cellular

el auricular
receiver

la señal de línea libre **dial tone**

la llamada telefónica **phone call**

el contestador automático, la contestadora **answering machine**

el servicio de información **information**

la señal de línea ocupada **busy signal**

las páginas amarillas **classified directory / yellow pages**

la marcación / selección directa **direct dialling**

la conexión **connection**

la llamada de larga distancia **long distance call**

la tarifa telefónica **charge**

el teléfono de tarjeta **card telephone**

la línea **telephone connection / telephone line**

el teléfono público de monedas **pay phone / coin-operated telephone**

la llamada de socorro **emergency call**

la llamada local **local call**

la llamada de cobro revertido **collect call**

la guía telefónica **telephone book**

la tarjeta telefónica **phone card**

la cabina telefónica **telephone booth / phone booth**

la central telefónica **switchboard**

el prefijo **area code**

La tecnología avanza rápidamente. Si ve escrito **wireless phone** o **mobile phone**, sepa que uno y otro ha sido substituido por el universal **cell phone**.

Una carta personal

Pedro Ramírez
C / Mar Menor, 15
74423 Almería
España

6 de junio 2001

Querido Pedro:

Muchas gracias por tu carta y por tu gentil invitación.
Según hemos convenido, llegaremos el jueves próximo a eso de las seis de la tarde. ¡Esperamos con impaciencia llegar!

Recibe un cordial saludo
María

Pedro Ramírez
c / Mar Menor, 15
74423 Almería
Spain

June 6, 2001

Dear Pedro,

Thanks for your letter and your kind invitation.
As we discussed, we will arrive at your place next Thursday at about 6:00 p.m. We're really looking forward to it!

Yours truly,
María

Según el contexto, la palabra **whether** puede ser *si* o *ya sea*.

Una carta comercial

....

6 de junio de 2001
Asunto: Su carta fechada 4 de junio de 2001

Estimado Sr. López:

Agradecemos su carta arriba mencionada y le
confirmamos la cita concertada para el jueves
próximo a las 18:00 horas.
Anexo a la presente sírvase encontrar algunos
documentos que le podrán ser de utilidad a la
hora de preparar nuestra conversación.
Si desea aclarar cualquier tipo de cuestión, no
dude en llamarme.

Atentamente
Juan Pérez
Director

June 6, 2001
Re: your letter of June 4, 2001

Dear Mr. López:

Thank you for your aforementioned letter.
We confirm our appointment for this Thursday at
about 6 p.m. Please find attached a few documents
which will be useful in preparing for our
discussions.
If you have any further questions, please feel
free to call on me at any time.

Sincerely,

. Juan Pérez
Manager

Overhear significa *oír por casualidad*.

Salutaciones

Estimada Sra. Rodríguez ...
Dear Ms. Rodríguez ...

Estimado Sr. Rodríguez ...
Dear Mr. Rodríguez ...

Querida Sra. Rodríguez ...
Dear Ms. Rodríguez ...

Distinguidos Señores ...
Dear Sirs ...

Vocabulario importante

Buenos días, ¿cómo está usted?
Good day, how are you?

Buenos días, ¿qué tal?
Hello, how are things?

Hola, ¿cómo estás?
Hi, how are you doing?

Hola, ¿qué pasa?
Hi, what's up?

Saludos

el remitente
sender

la dirección
address

el anexo
enclosure

la salutación
salutation

la referencia
reference

el membrete
letterhead

la fecha
date

el correo certificado
registered mail

el destinatario
recipient

la despedida
closing

el apartado postal
post office box (P.O. Box)

el código postal
zip code

el sello / la estampilla
stamp

el sobre
envelope

Como en español, muchas veces se usa el tiempo progresivo en inglés para indicar una acción que está sucediendo: **It is raining** = *Está lloviendo.*

Temas

el ballet **ballet**	la ópera **opera**
la televisión **television**	la política **politics**
la película **film**	la prensa **press**
el jazz **jazz**	la radio **radio**
el cine **cinema**	la religión **religion**
el concierto **concert**	el deporte **sports**
la cultura **culture**	el teatro **theater**
la literatura **literature**	la economía **economy / finance**
la música **music**	la revista **magazine**
las noticias **news**	el periódico **newspaper**

Política

En los Estados Unidos hay 50 estados además del **District of Columbia**, donde está ubicada Washington, la capital nacional. El jefe de cada estado es un gobernador (**Governor**) elegido directamente por los habitantes. La mayoría de los estados son divididos en secciones administrativas (**counties**) semejantes a los condados.

Cada cuatro años los votantes eligen al presidente de la nación. El presidente es el jefe del país y del gobierno, y es el comandante en jefe del ejército.

Hay dos cámaras en el congreso (**Congress**) y los miembros son elegidos directamente por los votantes. Cada estado manda dos senadores (**senators**) al senado, y el número de representantes depende de la población de cada estado.

el presidente **President**

el senador **senator**

el senado **Senate**

la cámara de diputados **House of Representatives**

el diputado **representative**

el voto **vote**

el solicitante de asilo **political refugee**

la iniciativa cívica **citizens' action / citizens' initiative**

la democracia **democracy**

la inmigración **immigration**

la coalición **coalition**

el reino **kingdom**

el parlamento **parliament**

el gobierno **government**

los impuestos **taxes**

la constitución **constitution**

las elecciones **elections**

Administration significa el gobierno en general; cuando los norteamericanos hablan de la *Administración*, se refieren al gobierno en Washington.

En la frontera

¡Su pasaporte!
Your passport!

Su pasaporte está caducado.
Your passport has expired.

¿Cuánto tiempo se queda usted?
How long are you staying?

¿Cuánto dinero lleva encima?
How much money do you have with you?

¿Tiene algo que declarar?
Do you have anything to declare?

Por favor, abra su maleta.
Please open your suitcase.

¿Puede presentar la factura?
Can you show me a receipt?

Ésto tiene que declararlo.
You have to declare that.

Los visitantes necesitan un pasaporte, una declaración de aduana y un pase de entrada; estos documentos permiten una estancia de hasta 90 días.

Se distribuyen los dos formularios en el avión y Ud. tiene que llenarlos antes de desembarcar. En cuanto a la dirección que se le pide, puede escribir la de su hotel. Hay que llenar los formularios cuidadosa y completamente.

Al llegar al aeropuerto hay que mostrar estos formularios al funcionario de inmigración (**immigration officer**), quién lo espera al final del pasadizo. Después de que usted haya recogido sus maletas debe pasar por la aduana, donde entregará la declaración aduanera.

La institución de la aduana se llama **customs**; los derechos de aduana son **duties**; y si Ud. tiene algo que declarar, diga **I have something to declare**.

Puede pasar.
You can go through.

Desde los ataques terroristas de 2001, el control aduanero es mucho más estricto.

Lo que usted puede traer

Al llegar a Estados Unidos se permite entrar lo siguiente: 1 litro de alcohol; 200 cigarrillos o 50 puros o 1350 gramos de tabaco; regalos con un valor de hasta $100 dólares. Hay que declarar cantidades de dinero superiores a $10.000 dólares.

Se prohibe absolutamente entrar plantas y comestibles. Si Ud. viaja con medicamentos, es aconsejable tener un certificado médico escrito en inglés.

Al salir del país se permite llevar lo siguiente:

Bebidas alcohólicas
2 litros de menos de 22% vol. o
1 litro de más de 22% vol. o
2 litros de vino y 2 litros de champaña

Tabaco
200 cigarrillos o
100 puros delgados o
50 puros o
250 g de tabaco

Café y Té
500 g café o
100 g té

Perfumes
50 g de perfume y 0,25 l de agua de colonia

Miscelánea
Regalos, ropa, recuerdos, etc.

Aduana

No tengo nada que declarar.
I have nothing to declare.

Son regalos.
These are gifts.

Son objetos personales.
These are personal belongings.

Quiero declarar mercancía por un valor de ....
I want to declare merchandise in the value of ...

la salida
departure

la entrada
arrival

la exportación
export

la importación
import

mercancía sujeta a declaración
declarable goods

la aduana
customs

la declaración de aduana
customs declaration

las disposiciones aduaneras
customs regulations

la inspección aduanera
customs check

exento de derechos de aduana
duty-free

sujeto a derechos de aduana
dutiable

Los **personal belongings** son los *efectos personales*.

Tramitando un pasaje

Quiero reservar un vuelo a Nueva York.
I would like to make a reservation to New York.

¿Para cuándo?
For when?

Para el martes que viene.
Next Tuesday.

¿Sólo de ida?
One way?

De ida y vuelta.
Round trip.

El vuelo sale a las 15.40 horas.
The flight leaves at 3:40 p.m.

¿Hay algún vuelo que salga antes?
Is there an earlier flight?

Lo siento, ese vuelo está completo.
I'm sorry, that flight is full.

Un billete de ida y vuelta se llama **round-trip ticket**.

Tramitando un pasaje

¿Dónde está la ventanilla de American?
Where is the American counter?

¿Cuándo sale el siguiente vuelo a Nueva York?
When is the next flight to New York?

¿Quedan asientos libres?
Are seats still available?

¿Cuánto cuesta el vuelo?
What does the flight cost?

Quiero confirmar el vuelo a Nueva York.
I would like to confirm my flight to New York.

¿Es un vuelo con escala?
Is there a stopover?

¿Hay un vuelo de enlace?
Is there a connecting flight?

El número de mi vuelo es el ...
My flight number is ...

¿Qué cantidad de equipaje puedo llevar?
How much baggage can I take?

¿Puedo llevar ésto como equipaje de mano?
Can I take this as hand luggage?

¿Tengo que pagar recargo por exceso de peso?

Quiero cambiar mi vuelo a Nueva York.
I would like to change my flight to New York.

¿Cuándo tengo que estar en el aeropuerto?
At what time must I be at the airport?

¿Cuánto tiempo dura el vuelo?
How long is the flight?

Is there an extra charge for excess weight?

¿Tiene billetes más económicos?
Are there any reduced rates?

¿Hay tarifas especiales para niños?
Are there special fares for children?

Si el vuelo estuviera completo, estaría yo dispuesto a tomar el siguiente.
If the flight is overbooked, I would be prepared to take the next flight.

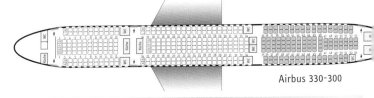

Airbus 330-300

Si Ud. prefiere un asiento junto a la ventanilla o al pasillo, los términos en inglés son **window seat** y **aisle seat**.

Medidas de seguridad

Última llamada para el vuelo LH465 a Nueva York.
Last call for flight LH465 to New York.

Perdone, mi vuelo sale dentro de pocos minutos. ¿Me deja usted pasar, por favor?
Excuse me, my flight leaves in a few minutes. Would you please let me through?

Yo también tengo prisa.
I am in a hurry myself.

Ponga todos los objetos en este recipiente.
Put all objects into this receptacle.

Abra su bolsa.
Open your bag.

Encienda su computadora portátil.
Switch on your laptop.

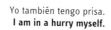

Se ruega al pasajero Jones, con destino a Nueva York, se presente urgentemente en la puerta 12.
Passenger Jones, booked to New York, is requested to proceed immediately to gate 12.

Hay una diferencia en inglés entre **security** y **safety**. **Security** tiene más que ver con la policía, y **safety** es algo más personal.

En el avión

Lo sentimos, pero se prohibe fumar dentro de la aeronave.
We are sorry, but smoking is forbidden inside the aircraft.

¡Abróchense los cinturones!
Please fasten your seatbelts!

¿Dónde puedo poner ésto?
Where can I put this?

Perdone, ¿podría traerme algo de beber, por favor?
Could I please have something to drink?

¿Podría darme un poco más de café, por favor?
Could you please pour me another coffee?

¿Podría traerme una manta, por favor?
Could you please bring me a blanket?

¿Tiene usted algún juguete para mis hijos?
Do you have any toys for my children?

¿Podría calentarme la comida del bebé?
Can you heat up the baby food?

¿También tienen comida vegetariana?
Do you also have vegetarian meals?

¿Tiene algo para la náusea?
Can you give me something for nausea?

¿A qué altura estamos volando?
What is our cruising altitude?

¿Llegaremos puntuales?
Will we arrive on time?

¿Cuándo puedo utilizar mi computadora portátil?
When can I use my laptop?

Llegada

¿Cuándo sale mi vuelo de enlace?
When does my connecting flight leave?

He perdido el vuelo.
I have missed my flight.

No encuentro mi equipaje.
I can't find my luggage.

Se ha perdido mi equipaje.
My luggage has been lost.

Mi maleta ha sido dañada.
My suitcase has been damaged.

El equipaje se llama **baggage**. Si Ud lleva demasiado, tiene **excess baggage**.
Otra palabra para equipaje es **luggage**.

Vocabulario importante

la maleta
suitcase

la bolsa de viaje
traveling bag

el número del vuelo **flight number**
el horario de vuelo **flight schedule**
el pasaje de avión **plane ticket**
la puerta de embarque **gate**
el asiento junto al pasillo **aisle seat**
el equipaje **luggage / baggage**
la devolución del equipaje **luggage claim**
el carro de las maletas **luggage cart**
el cinturón **belt**

la mochila
backpack / knapsack

la salida **takeoff**
la hora de salida **departure time**
la hora de llegada **arrival time**
el vuelo de enlace **connecting flight**
la tripulación **crew**
la tarjeta de embarque **boarding pass**
el formulario de entrada **landing / disembarkation form**

el asiento junto a la ventaña
window seat

el equipaje de mano **hand luggage**
el aterrizaje **landing**
artículos prohibidos **forbidden items**
el pasajero **passenger**
inspección de equipaje **luggage inspection**
el vuelo de vuelta **return flight**
la ventanilla **counter**
el chaleco salvavidas **life jacket**
el control de seguridad **security check**
el punto de encuentro **meeting place**
el exceso de equipaje **excess luggage**
el retraso **delay**
la escala **stopover**

La tarjeta de embarque es el **boarding pass.**

Taxi

¿Dónde está la parada de taxis más cercana?
Where is the nearest taxi stand?

¡Taxi, por favor!
Taxi, please!

Quiero pedir un taxi para las 10 horas.
I would like to order a taxi for 10 o'clock.

¿Puede mandarme inmediatamente un taxi?
Can you please send a taxi immediately?

Por favor, lléveme ...
Please take me...
   al hotel ...
   to the hotel ...
   a esta calle...
   to this street...
   al centro de la ciudad.
   downtown.
   al aeropuerto.
   to the airport.
   a la estación de ferrocarriles.
   to the railway station.

¿Cuánto cuesta la carrera más o menos?
What will the fare cost, approximately?

Tome el camino más corto / rápido, por favor.
Take the shortest / fastest route, please.

Siga aquí derecho, por favor.
Straight ahead here, please.

Gire a la derecha / izquierda.
Turn right / left here.

Pare aquí, por favor.
Please stop here.

Pare en el cruce siguiente.
Stop at the next crossroad.

Espéreme aquí, por favor.
Please wait for me here.

¿Cuánto le debo?
How much do I owe you?

Habíamos convenido otra cantidad.
We agreed on another amount.

¡Me parece demasiado caro!
That seems too much!

Quisiera un recibo, por favor.
I would like a receipt.

¡Está bien así!
Keep the change!

Es para usted.
That is for you.

Quédese con el cambio.
You can keep the change.

¿Podría meter nuestro equipaje en el maletero, por favor?
Could you please put our luggage into the trunk?

¿Puede ayudarme a subir, por favor?
Could you please help me to get in?

¿Conoce usted un hotel barato por aquí cerca?
Do you know an inexpensive hotel in the neighborhood?

En Estados Unidos el centro de la ciudad se llama **downtown**.

Arriendo de vehículo

Quiero alquilar un coche por una semana.
I would like to rent a car for a week.

¿Qué tipo de coche quiere usted?
Which kind of car would you like?

Un coche mediano.
A medium-size car.

Véamos cuáles hay. Éste cuesta 200 dólares a la semana.
Let's see what we have. That will cost 200 dollars per week.

¿Me permite ver su carnet de conducir?
Can I see your driver's license?

Firme aquí, por favor.
Please sign here.

Cuando se alquila un coche, hay que preguntar si los seguros cubren todo tipo de riesgos (**full coverage insurance**).

Arriendo de vehículo

¿Hay tarifas especiales para el fin de semana?
Do you have weekend rates?

¿Hay ofertas especiales?
Do you have any special offers?

¿Hay otras ofertas más económicas?
Do you have any better offers?

¿Puedo entregar el coche en otro sitio?
Can I return the car elsewhere?

¿A qué hora tengo que entregar el coche?
At what time do I have to return the vehicle?

¿El número de millas es ilimitado?
Is this with unlimited mileage?

¿Tengo que depositar una fianza?
Do I have to leave a deposit?

¿Está permitido que mi compañero conduzca?
Can my partner drive the car too?

¿Tiene el vehículo ...
Does the car have ...
   aire acondicionado?
   air conditioning?
   dirección asistida?
   power steering?
   ABS?
   ABS?

¿Está lleno el tanque?
Is the gas tank full?

¿Tengo que entregar el coche con el tanque lleno?
Do I have to return the car with a full tank?

¿Podría usted explicarme los diferentes tipos de seguro?
Could you explain to me what the different types of insurance are?

Quisiera un seguro a todo riesgo.
I would like comprehensive insurance.

¿Cuánto se deduce de la compensación?
How much is the deductible?

   inmovilizador electrónico antirrobo?
   anti-theft device?

¿Tiene usted un mapa de carreteras?
Do you have a road map?

¿Cuál es el camino más rápido para atravesar la ciudad?
What's the fastest way through the city?

¿Cómo puedo evitar pasar por el centro de la ciudad?
How can I bypass the city center?

¿Cuál es el mejor camino para llegar al centro de la ciudad?
What's the best way to go downtown?

Un letrero que anuncia **Special rates available** o **Ask for special rates** indica que hay descuentos.

El automóvil

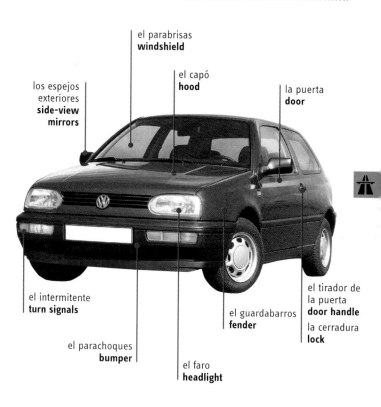

el parabrisas
windshield

el capó
hood

la puerta
door

los espejos
exteriores
**side-view
mirrors**

el intermitente
turn signals

el tirador de
la puerta
door handle

la cerradura
lock

el guardabarros
fender

el parachoques
bumper

el faro
headlight

la rueda
wheel

los neumáticos
tires

el aro
rim

Los velocímetros de los coches norteamericanos marcan el millaje (**mileage**) y luego, con números más pequeños, el kilometraje.

El automóvil

el volante
steering wheel

la palanca del
cambio
gear lever

el tubo de escape
exhaust

el freno
brake

el tacómetro
tachometer

el acelerador
gas pedal

el freno de mano
hand brake / emergency brake

la guantera
glove compartment

la parte trasera
rear

la luneta trasera
rear windshield

el maletero
trunk

el embrague
clutch

el motor
motor

el retrovisor
rear view mirrors

los limpiaparabrisas
windshield wipers

el cinturón de
seguridad
seat belt

el velocímetro
speedometer

el indicador de la
gasolina
fuel gauge

las intermitentes de
emergencia
emergency flashers

Motor y **engine** son sinónimos para *motor de combustión interna*.

La motocicleta

el asiento **seat**
la luz intermitente **flasher / blinker**
la luz de parada **brake light**
el cable de freno **brake cable**
el motor **motor**
la luz trasera **tail light**
los faros **headlights**
el tanque **tank**
el freno de tambor **drum brake**
el carburador **carburetor**

El embrague del coche se llama **clutch**.

En movimiento

Perdone, ¿cómo se llega a ...?
Excuse me, how do I get to ...

¿Puede enseñármelo en el mapa?
Can you show me that on the map?

¿Puede indicarme en el mapa dónde estoy?
Can you show me where I am on the map?

¿Es éste el camino a ...?
Is that the street that goes to ...?

¿Qué distancia hay de aquí a ...?
How far is it to ...?

¿Dónde está la próxima gasolinera?
Where is the nearest gas station?

¿Dónde está el taller más cercano?
Where is the nearest repair shop?

el semáforo
traffic light

la autopista
turnpike

la carretera nacional
interstate highway

el cruce
crossroad

la carretera regional
country road

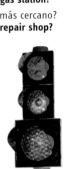

Direcciones

Se ha equivocado de camino.
You are in the wrong place.

Tiene que regresar.
You must drive back.

Todo recto.
Straight ahead.

Siga hasta el primer cruce.
Go to the first crossroad.

Al llegar a la esquina siguiente, gire a la derecha.
Turn right at the next corner.

Siga las señales.
Follow the signs.

Al llegar al semáforo gire a la izquierda.
Turn left at the traffic lights.

¡Nunca hay que estacionar al lado de un hidrante de incendios! Si Ud. estaciona allí, se llevarán su coche a remolque.

Avisos y señales de tráfico

¡Atención! **Caution!**

salida **exit**

dejar libre la salida **keep driveway clear**

obras **construction**

calle de dirección única **one-way street**

desembocadura **junction**

enfilarse **form lanes**

carretera de una sola vía **single-lane traffic**

fin de prohibido estacionar **end of no parking zone**

paso estrecho **road narrows**

cruce de peatones **crosswalk**

zona peatonal **pedestrian zone**

peligro **danger**

curva peligrosa **dangerous curve**

desnivel **gradient**

limitación de velocidad **speed limit**

curva en herradura **hairpin bend**

prohibido parar **no stopping**

prohibido el acceso **no entry**

circulación giratoria **rotary traffic**

el cruce **crossing**

vía para vehículos lentos **slow lane**

conducir despacio **drive slowly**

modere la velocidad **slow down**

el camión **truck**

prohibido estacionar **no parking**

el garaje **parking garage**

el estacionamiento **parking lot**

la boletera de estacionamiento **parking lot ticket machine**

control por radar **radar control**

pista para bicicletas **bicycle path**

circular por la derecha **keep right**

dar la preferencia a la derecha **right lane has right of way**

prohibido girar a la derecha **no right turn**

gravilla suelta **loose gravel**

peligro de deslizamiento **slippery when wet**

callejón sin salida **dead end**

encender las luces del automóvil **turn on headlights**

resbaladizo **danger of skidding**

la autovía **expressway**

la parada del autobús escolar **school-bus stop**

el embotellamiento **traffic jam**

obras **road construction**

el peaje **toll**

el garaje subterráneo **underground parking garage**

prohibido adelantar **no passing**

la circunvalación **bypass**

la desviación **detour**

el semáforo **traffic lights**

ceda el paso **heed right of way**

ceda el paso **yield right of way**

¡Atención! **Caution!**

prohibido virar en U **no u-turn**

la estación de peaje **toll booth**

Un letrero que dice **Men Working** o **Road Construction** significa *trabajos en carretera*.

Estacionamiento

¿Puedo estacionar aquí?
Can I park here?

¿Cuánto tiempo puedo estar
estacionado?
How long can I park here?

¿Dónde hay ...
Where is there ...
  un estacionamiento?
  a parking lot?
  un garaje subterráneo?
  an underground parking garage?
  una torre de estacionamiento?
  a parking building?

¿Cuánto cuesta el estacionamiento ...
What are the parking charges ...

  por hora?
  per hour?
  al día?
  per day?

¿Es un estacionamiento vigilado?
Is the parking lot attended?

¿Cuál es el horario de apertura de la
torre de estacionamiento?
**During what hours is the parking
building open?**

¿Está abierta durante toda la noche
la torre de estacionamiento?
**Is the parking building open the
whole night?**

¿Dónde está la caja?
Where is the cashier?

¿Dónde está la boletera de
estacionamiento?
**Where is the parking ticket
machine?**

¿Puede usted cambiarme el dinero?
Can you give me change?

He perdido el boleto.
I have lost my parking ticket.

el parquímetro
parking meter

En la gasolinera

el surtidor de
gasolina
gas pump

la lata de
gasolina
gas can

la gasolina
gas

el aceite
oil

la gasolina súper
super

la gasolina corriente
regular

sin plomo
unleaded

el dieseloil
diesel

el líquido del freno
brake fluid

Un letrero que dice **Tow Away Zone** indica una zona de estacionamiento prohibido; si Ud. estaciona en tal zona se llevarán su coche a remolque.

Llenar el tanque

Octanaje

El octanaje de las gasolinas norte-americanas es el siguiente:

Regular: 89

Special: 91

Super: 94

Recuerde que los precios son *por galón* y que un galón tiene 3,79 litros.

¿Dónde está la próxima gasolinera?
Where is the nearest gas station?

Lleno, por favor
Please fill it up.

Écheme 20 dólares, por favor.
Give me 20 dollars' worth please.

Necesito un litro de aceite.
I need one quart of oil.
   Por favor mire ...
   Can you check ...
   el nivel del aceite.
   the oil.
   la presión de los neumáticos.
   the tire pressure.
   el anticongelante.
   the antifreeze.

Por favor, relléneme el depósito del limpiaparbrisas.
Please fill the windshield washer fluid.

¿Me puede hacer un cambio de aceite?
Can you do an oil change?

¿Me limpia el parabrisas, por favor?
Would you please clean the windshield?

¿Me puede lavar el coche?
Could you wash the car?

¿Cuánto le debo?
How much do I owe you?

¿Tiene usted un mapa de carreteras?
Do you have a road map?

¿Dónde están los lavabos?
Where are the toilets?

Una gasolinera en Inglaterra es una **petrol station**, pero en Estados Unidos se llama **gas station**.

Averías

¿Puede ayudarme? Tengo
una avería.
**Can you help me? I've
had a breakdown.**

¿Qué pasa?
What is wrong?

El motor no arranca.
The motor won't start.

Déjeme echar un vistazo.
Let me have a look.

Temo que tendrá que ir a
un taller.
**I think you have to take it
to the repair shop.**

¿Puede usted remolcarme?
Can you tow my car?

Los norteamericanos dicen **What's the problem?** para *¿Qué hay?*

Tengo una avería.
I've had a breakdown.

Tengo problemas ...
I have a problem ...
  con la batería.
  with the battery.
  con la dirección.
  with the steering.
  al arrancar.
  when starting.
  con la luz.
  with the lights.
  al frenar.
  with the brakes.
  con la caja de cambios.
  with changing gears.

La rueda está pinchada.
I have a flat tire.

No arranca.
It won't start.

El motor funciona irregularmente.
The motor splutters / misses.

Quedé sin gasolina.
I'm out of gas.

¿Sabe usted si hay un taller por aquí cerca?
Do you know of a repair shop nearby?

¿Puede llevarme a la siguiente gasolinera?
Can you take me to the nearest gas station?

¿Puede remolcarme?
Can you tow me?

¿Puede empujarme?
Can you push me?

¿Puede repararlo?
Can you repair it?

¿Puedo seguir conduciendo?
Can I drive any farther with the car?

¿Cuándo estará listo?
When will it be ready?

¿Puedo hacer una llamada?
Can I phone from here?

Póngame con la agencia que me ha alquilado el coche, por favor.
Please connect me with my car rental agency.

la lata de gasolina
gas can

el triángulo de emergencia
warning triangle

las herramientas
tools

el servicio de grúa **breakdown / towing service**

el cable para remolcar **towing cable**

el servicio de averías **breakdown assistance**

los cables de empalme para la puesta en marcha **jumper cables**

el gato **jack**

las luces intermitentes **emergency flashers**

Un camión en Inglaterra es **a lorry**; en Norteamérica es **a truck**.

En el taller de reparaciones

Los frenos no funcionan bien.
There's something wrong with the brakes.

Mi coche pierde aceite.
My car is losing oil.

El indicador luminoso está encendido.
The warning light is on.

Por favor, cambie las bujías.
Change the spark plugs please.

¿Podría cargar la batería?
Can you recharge the battery?

¿Puede reparar el neumático?
Can you fix the tire?

¿Puede echarle un vistazo?
Can you take a look at it?

¿Puede repararlo?
Can you repair it?

Hay algo que no funciona en el motor.
Something is wrong with the motor.

¿Cuánto tiempo tomará?
How long will it take?

¿Cuánto costará?
What will it cost?

motor de arranque **starter**	la caja de cambios **gears / transmission**
el forro del freno **brake lining**	la bombilla **light bulb**
los frenos **brakes**	el calefactor **heater**
el líquido del freno **brake fluid**	el eje trasero **rear axle**
la luz del freno **brake light**	la bocina **horn**
la junta **gasket**	el cable **cable**
el inyector **fuel injector pump**	la correa en cuña **v-belt**
la rueda de recambio **spare wheel**	el climatizador **air conditioning**
el neumático de recambio **spare tire**	el radiador **radiator**
las piezas de recambio **spare parts**	el anticongelante **coolant / antifreeze**
encendido defectuoso **backfire**	el cortocircuito **short circuit**

En inglés, **to fix** significa *reparar, arreglar* y *fijar.*

la batería
battery

el distribuidor
distributor

los pistones
pistons

la bomba del
agua
water pump

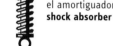

el amortiguador
shock absorber

la bujía
spark plug

la dirección
steering

el indicador luminoso
headlight flasher

la dínamo
dynamo

el motor
motor

el filtro del aceite
oil filter

la luz trasera
taillight

el fusible
fuse

el asiento
seat

la válvula
valve

el carburador
carburetor

el eje delantero
front axle

el encendido
ignition

la culata
cylinder head

el techo corredizo
sunroof

Al frenar para ver un accidente de carretera, los norteamericanos están "estirando sus cuellos como si éstos fuesen de caucho", o bien, **rubbernecking**.

Reglamentos de tráfico y sus violaciones

Las distancias se miden en millas, y las velocidades en millas por hora (mph). Una milla es equivalente a 1,6 kilómetros.

Cada estado establece sus propias normas de circulación. A menudo las variaciones están escritas en letreros visibles al cruzarse la frontera entre estados.

Normalmente se permite doblar a la derecha, después de parar, con un semáforo en rojo si no hay tráfico que viene de la izquierda. Una excepción a esta norma es la ciudad de Nueva York.

En las encrucijadas el coche a la derecha tiene preferencia.

Si hay un autobús escolar amarillo que está parado y tiene las luces intermitentes encendidas, hay que parar aun si Ud. está manejando en el sentido opuesto.

Se prohibe estacionar o parar en las carreteras (excepto en lugares especiales). La prohibición de estacionar al lado de hidrantes de incendio y paradas de autobuses es universal.

No se permite manejar con botellas abiertas de bebidas alcohólicas dentro del coche; hay que guardarlas en el baúl.

Si la policía lo para en la carretera, debe quedarse en el coche y tener las manos visibles sobre el volante.

Velocidad máxima:
   dentro de poblados: 25–30 mph (40–48 km/h)
   fuera de poblados: 55–65 mph (88–104 km/h)
   Carreteras interestatales: 55–75 mph (90–120 km/h)

El uso del cinturón de seguridad es obligatorio

Número telefónico de emergencia: 911

Usted iba conduciendo a una velocidad demasiado alta.
You were driving too fast.

Se saltó el semáforo en rojo.
You went through a red light.

Usted no cedió el paso.
You did not give the right of way.

Usted no puede estacionar aquí.
You cannot park here.

Está prohibido adelantar.
Passing is not allowed here.

Usted ha bebido demasiado.
You have had too much to drink.

Un mapa de carreteras es a **road map**.

Accidentes

Hubo un accidente.
There has been an accident.

Sufrí un accidente.
I've had an accident.

Hay heridos.
Some people have been injured.

¿Tiene usted vendajes?
Do you have any bandages?

Por favor, llame ...
Please call ...
    a la policía.
    the police.
    una ambulancia.
    an ambulance.
    el servicio de grúa.
    a tow truck.

Me llamo ...
My name is ...

Soy turista.
I am a tourist.

¿Cuál es su nombre y su dirección?
What is your name and address?

Deme el número de su seguro, por favor.
Please give me your insurance number.

Necesito testigos.
I need witnesses.

Tengo testigos.
I have witnesses.

Fue culpa mía.
It was my fault.

Fue culpa suya.
It was your fault.

Yo tenía la preferencia.
I had the right of way.

Usted no respetó la distancia de seguridad.
You did not keep enough distance.

Usted frenó inesperadamente.
You braked suddenly.

Por favor, informe a mi familia. El número es el ...
Please inform my family. The number is ...

En caso de un accidente de coche, la palabra a usar no es **guilty** sino **responsible.**

La bicicleta

el sillín
saddle

el manillar
handlebars

las bolsas
saddlebags

la cadena
chain

el pedal
pedal

los neumáticos
tires

el cambio de marchas
gearshift

el reflector
reflector

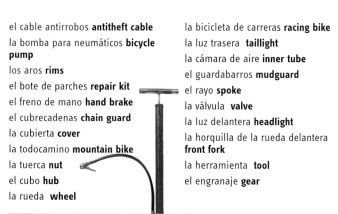

el cable antirrobos **antitheft cable**

la bomba para neumáticos **bicycle pump**

los aros **rims**

el bote de parches **repair kit**

el freno de mano **hand brake**

el cubrecadenas **chain guard**

la cubierta **cover**

la todocamino **mountain bike**

la tuerca **nut**

el cubo **hub**

la rueda **wheel**

la bicicleta de carreras **racing bike**

la luz trasera **taillight**

la cámara de aire **inner tube**

el guardabarros **mudguard**

el rayo **spoke**

la válvula **valve**

la luz delantera **headlight**

la horquilla de la rueda delantera **front fork**

la herramienta **tool**

el engranaje **gear**

Los cables de bicicleta fueron la invención del inglés H. Bowden (1880-1960).

Arriendo de bicicletas

Quisiera alquilar una bicicleta.
I would like to rent a bicycle.

Con mucho gusto. Tenemos un amplio surtido.
Gladly. We have a big selection.

Quisiera algo más deportivo.
I would like something more sporty.

¿Qué le parece ésta?
How is this one?

¿Cuántas marchas
tiene la bicicleta?
**How many speeds
does the bicycle
have?**

Doce.
Twelve.

En inglés *alquilar* es **to rent**; en Inglaterra se dice también **to hire**.

Arriendo de bicicletas

¿Cuánto cuesta el alquiler de una bicicleta al día?
How much does a bicycle cost per day?

Es demasiado caro.
That is too expensive.

¿Tengo que depositar una fianza?
Do I have to leave you a deposit?

¿Dan descuento si se alquila por más tiempo?
Are longer rentals cheaper?

¿También alquila ...
Do you also rent ...
   bolsas?
   saddlebags?
   impermeables?
   rain gear?
   sillines para niños?
   children's seats?
   bicicletas para niños?
   children's bicycles?
   estuches de reparación?
   repair kits?
   cascos?
   helmets?

¿Puede indicarnos una ruta bonita de ... a ...?
Can you show us a scenic route from ... to ...?

¿Puede indicarme un recorrido más sencillo?
Can you show me an easier route?

¿Tiene folletos con información sobre las rutas de esta zona?
Do you have information about bicycle routes in the area?

¿Hay mucho tráfico en ese camino?
Is there a lot of traffic on this route?

Vamos con niños.
We have children with us.

¿Es una ruta adecuada para los niños?
Is this bicycle route suitable for children?

El neumático está pinchado.
I have a flat tire.

¿Me puede prestar su bote de parches?
Can you lend me your repair kit?

Me he caído.
I fell off my bike.

¿Tiene vendajes?
Do you have bandages?

Every cloud has a silver lining significa *No hay mal que por bien no venga.*

Compra de pasajes

Un billete para
Madrid, por favor.
**A ticket to Madrid,
please.**

¿De ida y vuelta?
One-way or round-trip?

Sólo de ida, por favor.
Only one way, please.

¿Cuándo sale el
próximo tren?
**When does the next
train leave?**

A las diez y veintiocho en
el andén 3.
At 10:28 on platform 3.

En Norteamérica la palabra **track** significa también *andén.*

En la boletería

Quisiera un horario de los trenes.
I would like a train timetable.

Quisiera viajar en tren de ...a ....
I would like like to go by train from ... to ...

¿Cuándo sale el próximo tren?
When does the next train leave?

¿Cuánto cuesta el billete de ida y vuelta?
What does the round trip cost?

¿Hay precios especiales para turistas?
Are there special offers for tourists?

¿Hay tarifas especiales para ...
There is discount for ...
  niños?
  children?
  estudiantes?
  schoolchildren?
  universitarios?
  college students?
  jubilados?
  senior citizens?
  familias?
  families?

Quisiera ...
I would like to have ...
  una plaza en el coche-cama.
  a place in the sleeping car.
  un compartimiento para ... personas.
  a sleeping compartment for ... persons.
  un asiento reclinable.
  a reclining seat.
  un billete de primera clase.
  first-class ticket.

¿Tengo que reservar el asiento?
Do I have to reserve a seat?

Quisiera reservar un asiento junto a la ventana.
I would like to reserve a window seat.

¿Es un tren directo?
Is that a nonstop train?

¿El tren para en Madrid?
Does the train stop at Madrid?

¿Hay un vagón-restaurante en el tren?
Does the train have a dining car?

¿Tengo que hacer transbordo?
Do I have to change trains?

¿De qué andén sale el tren?
From which track does the train depart?

¿Dónde puedo dejar mi equipaje?
Where can I check in my luggage?

¿Puedo llevar mi bicicleta?
Can I take my bicycle?

¿Cuánto cuesta?
What does that cost?

Avisos

Nonpotable water
Agua no potable

Occupied
Ocupado

Vacant
Libre

Emergency brake
Freno de emergencia

Exit
Salida

Toilets
Servicios higiénicos

La palabra que significa todo tipo de viaje es **trip**; para expresar un viaje largo se suele decir **a long haul**.

En el andén/En el tren

¿El tren para Madrid sale de este andén?
Does the train to Madrid leave from this platform?

¿De dónde sale el tren para Madrid?
Where does the train to Madrid leave?

¿Es éste el tren para Madrid?
Is this the train to Madrid?

¿Este tren pasa por Madrid?
Does the train go via Madrid?

¿Viene con retraso el tren de Madrid?
Is the train from Madrid delayed?

¿Cuánto tiempo lleva de retraso?
How long is the delay?

¿Cuándo llegará a Barcelona?
When will it arrive at Barcelona?

¿Está ocupado este asiento?
Is this seat occupied?

Este asiento es mío. Lo he reservado.
This is my seat. I have reserved it.

¿Puedo ...
May I ...
   abrir la ventana?
   open the window?
   cerrar la ventana?
   close the window?

¿Hay un vagón para fumadores?
Is there a smoking car?

¿Dónde estamos?
Where are we?

¿Cuánto tiempo dura esta parada?
How long do we stop here?

¿Llegaremos puntuales?
Will we arrive on time?

¿Llego a tiempo para hacer el transbordo al otro tren?
Will I make my connecting train?

¿De qué andén sale el tren de enlace?
From which track does my connecting train leave?

¿Dónde está el vagón-restaurante?
Where is the dining car?

¿Dónde puedo comprar algo de beber?
Where can I buy something to drink?

¿Dónde están los servicios higiénicos?
Where are the toilets?

Lo que usted oye

The train to Madrid is arriving on track 3.
El tren para Madrid está a punto de llegar al andén número tres.

The train to Madrid on track 3 is delayed by ten minutes.
El tren para Madrid, que sale del andén tres, lleva diez minutos de retraso.

All aboard!
¡Suba, por favor!

Where did you leave the tickets?
¿Dónde has dejado los billetes?

The tickets, please.
Los billetes, por favor.

If you buy the ticket on the train, you have to pay a surcharge.
Si compra el billete en el tren, tiene que pagar un suplemento.

In few minutes, we will arrive in Madrid.
Dentro de pocos minutos llegaremos a Madrid.

El suplemento que se paga en el transporte público es **excess fare**.

Vocabulario importante

la salida **departure**

el compartimiento **compartment**

la parada **stopover**

la información **information**

el autotren **car-train**

la estación de ferrocarril **railway station**

el andén **platform**

el tren directo **express train**

el tren rápido **express train**

el ferrocarril **railroad**

la estación final **last stop**

la reducción de tarifa **reduction / discount**

el billete **ticket**

la taquilla **ticket counter**

el horario del tren **timetable**

el billete con tarifa familiar **family ticket**

el asiento junto a la ventana **window seat**

la oficina de objetos perdidos **lost-and-found office**

el pasillo **aisle**

el equipaje **baggage**

el maletero **baggage deposit**

la consigna **checkroom**

el andén **track**

el billete de tarifa de grupo **group card**

el coche-litera **sleeper**

la locomotora **locomotive**

el tráfico local **local traffic**

el freno de emergencia **emergency brake**

el billete de reserva de asiento **reservation / reserved seat ticket**

la reservación **reservation**

el billete de ida y vuelta **round-trip ticket**

el revisor **ticket checker**

el coche-cama **sleeping car**

la consigna automática **locker**

el vagón-restaurante **dining car**

el tren local **commuter train**

el número del vagón **car number**

la sala de espera **waiting room**

el cuarto de aseo **washroom**

el quiosco **newsstand**

el suplemento del billete **surcharge**

el mozo de estación **porter**

Las personas que cada día viajan una larga distancia entre su residencia y su lugar de trabajo son los **commuters**, viajando en el **commuter train**.

Tomar el autobús

Quisiera viajar durante dos semanas en autobús para recorrer esta región.
I would like to travel by bus for two weeks in this area.

¿Hay alguna oferta especial?
Do you have any special offers?

¿Hay descuentos para ...
Do you give a discount for ...
universitarios?
college students?
estudiantes?
schoolchildren?
jubilados?
senior citizens?
minusválidos?
handicapped?
grupos?
groups?
familias?
families?

¿De qué andén sale el autobús?
From which platform does the bus leave?

¿Hay llamadas para los pasajeros?
Will the passengers be called for departure?

¿El autobús tiene ...
Does the bus have ...
aire acondicionado?
air-conditioning?

asientos reclinables?
reclining seats?
servicios higiénicos?
a toilet?

¿Cuándo tengo que estar en la estación de autobuses?
When do I have to be at the bus station?

¿Tengo que hacer transbordo?
Do I have to transfer?

¿Dónde / cuándo es la siguiente parada?
Where / when is the next stop?

¿Cuánto tiempo dura el viaje?
How long does the trip take?

¿A dónde va este autobús?
Where does this bus go to?

¿Es más conveniente comprar un billete de ida y vuelta?
Is it cheaper to buy a round trip ticket?

¿Es posible reservar asientos?
Is it possible to reserve seats?

Hay dos sinónimos para *salir*: to leave y to depart.

Cruceros en barco

Quisiera un itinerario de los barcos.
I would like to have a timetable.

¿Cuándo sale el próximo barco a Key West?
When does the next ship leave for Key West?

Quisiera un billete para Key West.
I would like to have a ticket to Key West.

¿Cuánto cuesta el viaje?
How much does the trip cost?

¿Hay ofertas especiales para turistas?
Are there any special offers for tourists?

¿El billete también vale para la vuelta?
Is the ticket also valid for the return trip?

Quisiera llevar el coche.
I would like to take my car along.

¿Cuánto cuesta?
What does that cost?

¿Cuándo tenemos que embarcarnos?
When do we have to board?

¿Cuánto tiempo dura la travesía?
How long does the crossing take?

¿En qué puertos hacemos escala?
What ports do we visit?

Quisiera un billete para la gira de las once.
I would like a round-trip ticket for 11 o'clock.

A bordo

Estoy buscando el camarote número doce.
I am looking for cabin no. 12.

¿Puede darme otro camarote?
Can I have another cabin?

¿Puedo tener un camarote exterior?
Can I have an outside cabin?

¿Cuánto tengo que pagar extra?
How much more does that cost?

¿Dónde está mi equipaje?
Where is my luggage?

¿Dónde está el comedor?
Where is the dining room?

¿A qué hora se sirve la comida?
When is the meal served?

¿Cuándo salimos?
When do we leave?

¿Cuánto tiempo dura la escala?
How long is the stop?

¿Puedo bajar del barco?
Can I go ashore?

¿Cuándo tengo que estar de regreso?
When do I have to be back?

Me siento mal.
I am feeling sick.

¿Tiene algo para el mareo?
Do you have anything for seasickness?

En inglés hay una diferencia entre **may** y **can**; el primero implica *permiso*, y el segundo, *capacidad*.

la silla de cubierta **deck chair**

el faro **lighthouse**

el salvavidas **life preserver**

el chaleco salvavidas **life jacket**

el ancla **anchor**

el atracadero **mooring**

el camarote exterior **outside cabin**

el transbordador de automóviles **car ferry**

babor **port**

la proa **bow**

el barco de vapor **steamer**

la cubierta **deck**

el camarote individual **single cabin**

el ferry **ferry**

el billete **ticket**

la tierra firme **mainland**

el viaje fluvial **riverboat trip**

el buque mercante **freighter**

el puerto **harbor**

el recorrido en barco por el puerto **harbor tour**

la popa **stern**

el camarote interno **inside cabin**

el yate **yacht**

el bote **boat**

el muelle **quay**

el camarote **berth / cabin**

el capitán **captain**

el crucero **cruise**

la costa **coast**

la excursión al interior **shore excursion**

el embarcadero **jetty**

el asiento reclinable **reclining seat**

el aerodeslizador **hovercraft**

la tripulación **crew**

el marinero **sailor**

la motolancha **motorboat**

el huracán **hurricane**

el bote salvavidas **lifeboat**

el bote de remos **rowboat**

la gira / el recorrido / la excursión **round-trip**

la marejada **swell**

mareado **seasick**

la vela **sail**

el barco de vela **sailboat**

estribor **starboard**

el camarero del barco **steward**

la tormenta **storm**

el acuaplano **hydrofoil**

la ola **wave**

el camarote doble **double cabin**

Cuando un barco sale de un puerto, se dice que éste **set sail** (desplegó sus velas)–un recuerdo de otras épocas.

Preguntando por direcciones

¿Perdone, cómo se llega al Prado?
Excuse me, how do I get to El Prado?

Siempre recto, la segunda a la izquierda, luego la tercera a la derecha.
Straight ahead, take the second street on the left, then the third on the right.

¿La tercera a la izquierda?
The third left?

No, la segunda a la izquierda, allí hay una gasolinera, luego un supermercado y después un semáforo.
No, the second left. There is a gas station, then a supermarket and after that some traffic lights.

¿Entonces en la gasolinera giro a la izquierda?
You mean left at the gas station?

No, la gasolinera está antes, debe girar en el semáforo.
No, that is too early. Left at the traffic lights.

Unos diez minutos.
Maybe ten minutes.

¿Está lejos?
Is it far?

Muchas gracias, seguro que lo encuentro.
Ah, thank you. I should be able to find it.

La expresión **That's fine** es universal en inglés y significa que todo está bien.

Lo que usted oye

I'm sorry, I don't know.
Lo siento, no lo sé.

I am not from here.
No soy de aquí.

It is far.
Está lejos.

It is not far.
No está lejos.

Cross the street.
Cruce la calle.

You cannot miss it.
No puede perderse.

Ask once again.
Vuelva a preguntar.

Caminando a pie

Perdone, ¿me puede ayudar?
Excuse me, can you help me?

Busco la calle Thomson.
I am looking for Thomson Street.

¿Puede mostrármelo en el mapa?
Can you show it to me on the map?

¿A qué distancia está Lincoln Center?
How far is Lincoln Center?

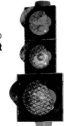

el semáforo
traffic light

¿Se puede ir en autobús?
Can I take a bus?

¿Dónde están los servicios higiénicos
más cercanos?
Where are the nearest toilets?

el puente
bridge

la zona peatonal
pedestrian zone

el callejón
alley

los edificios
buildings

el número de la casa
street number

el centro de la ciudad
downtown

el cruce
crossing

el parque
park

la plaza
square / place

la calle
street

To talk through one's hat significa que alguien quiere engañarnos, o que está difundiendo información incorrecta.

Direcciones

 a la izquierda
left

 a la derecha
right

siempre recto
straight ahead

la primera a la izquierda
the first left

la segunda a la derecha
the second right

delante de
in front of

detrás de
behind

después de
after

En inglés hay una diferencia entre **on the left/right** y **to the left/right**: el primero indica *ubicación*, y el segundo, *dirección de movimiento*.

Tráfico local

¿Dónde está el (la) próximo (-a) ...
Where is the nearest ...
  estación de metro?
  subway station?
  parada de autobús?
  bus stop?
  parada de tranvía?
  streetcar stop?

¿Cuándo sale el siguiente autobús?
When does the next bus leave?

¿Cuándo sale el último metro?
When does the last subway train leave?

¿Dónde puedo comprar el billete?
Where can I buy a ticket?

¿Me podría ayudar? Yo no sé cómo funciona la máquina vendedora.
Can you help me? I don't know how to use the vending machine.

¿Para qué sirve este botón?
What is this button for?

Quiero ir a ... ¿Qué billete tengo que comprar?
I would like to go to ... Which ticket must I buy?

¿Puede cambiarme el billete en monedas?
Can you give me change for this?

¿Cuánto cuesta el billete?
How much does a trip cost?

¿Cuánto cuesta el billete de ida y vuelta?
How much does the round trip cost?

¿Hay también ...
Do you also have ...
  billetes múltiples?
  multiple ride tickets?
  billetes válidos por un sólo día?
  day tickets?
  billetes semanales?
  weekly tickets?
  billetes mensuales?
  monthly tickets?
  billetes para turistas?
  tourist tickets?

¿Cuánto tiempo es válido este billete?
How long is this ticket valid?

¿Puedo utilizar este billete más de una vez?
Can I travel as often as I like with this ticket?

¿Puedo bajar y subir con el mismo billete?
I can get off and then back on again with the same ticket?

¿Este billete también vale para la vuelta?
Is this ticket also valid for the return trip?

¿Este billete también vale para el autobús / el metro?
Is this ticket also valid for the bus / the subway?

¿Qué línea va a ...?
Which line goes to ...?

¿Qué dirección debo tomar?
In which direction do I have to go?

¿Dónde tengo que hacer transbordo?
Where do I have to transfer?

En Norteamérica el transporte público se llama también **rapid transit**. El tranvía se llama **streetcar** o **trolley**.

¿Cómo se llama la próxima estación?
What is the name of the next station?

¿Cuántas paradas son?
How many stops are there?

¿Puede avisarme en cuanto lleguemos a la parada?
Can you please tell me when we reach the stop?

¿Qué tengo que hacer para bajarme?
What do I have to do when I want to get off?

No sabía que el billete no era válido aquí.
I did not know that the ticket was not valid here.

He perdido el billete.
I have lost the ticket.

He olvidado algo en el autobús.
I have left something behind in the bus.

¿Puede decirme dónde guardan objetos perdidos?
Can you tell me where the lost-and-found office is?

el metro
subway

el autobús
bus

el tranvía
streetcar

la estación final
last stop

el chofer
driver

el billete
ticket

la vendedora de billetes
ticket vending machine

el horario / el itinerario
timetable

la parada
stop

el inspector
ticket inspector

el revisor
ticket checker

el billete válido por un día
day ticket

el billete semanal
one-week ticket

el billete estacional
season ticket

El chofer del autobús o el cobrador del tren anuncia la próxima parada diciendo **Next stop...**

¿Dónde puedo pasar la noche?

En la campaña predominan los moteles; como todos hemos visto en las películas, se estaciona el coche delante de la habitación.

En general el precio indicado en los letreros es por habitación, no por persona. La mayoría de las habitaciones tienen una cama de dos plazas y muchas veces hay dos camas. Normalmente el precio de la habitación no incluye el desayuno.

Si Ud. planea viajar en casa rodante, seguramente ya comprende que es más fácil obtener permiso para estacionar y acampar cuando se está lejos de lugares muy poblados. Es muy aconsejable planear el viaje por adelantado y obtener los permisos necesarios antes de partir, incluyendo reservaciones en los **RV parks** (para casas rodantes) y en los parques nacionales (para tiendas de campaña), sobre todo durante plena temporada turística.

la granja
farm

la casita campestre
bungalow

el camping
campsite

Asociación de jóvenes cristianas
YWCA

Asociación de jóvenes cristianos
YMCA

la casa de vacaciones
vacation house

el apartamento de vacaciones
vacation apartment

el hotel
hotel

el albergue juvenil
youth hostel

el motel
motel

las habitaciones en casas particulares
private guest house / bed and breakfast

la habitación simple
single room

la habitación doble
double room

la suite
suite

el desayuno
breakfast

la media pensión
half board

la pensión completa
full board / American plan

la habitación sin desayuno
room only / European plan

Avisos

Rooms available / Vacancies
Habitación libre

No vacancy
Todo lleno

Special offer
La oferta especial

Las medidas antiterroristas establecidas por los gobiernos federal y estatales significan mayor control y burocracia para los turistas.

Encontrar un cuarto

¿Hay por acá un buen hotel?
Is there a good hotel here?

¿Cómo es el hotel?
How is the hotel?

Busco una habitación para ...
I am looking for a room for ...
    una noche.
    one night.
    tres días.
    three days.
    una semana.
    a week.

¿Quedan habitaciones libres?
Do you still have rooms available?

¿Cuánto cuesta?
What does it cost?

¿Hay descuento para niños?
Is there a discount for children?

Es demasiado caro.
That is too expensive.

¿Hay algo más barato?
Do you have something less expensive?

¿Tiene una lista de casas particulares que alquilen habitaciones?
Do you have a list of private guest houses?

¿Dónde puedo encontrar una habitación libre aquí cerca?
Where else can I find a vacant room in this vicinity?

¿Cuál es la dirección?
What is the address?

¿Podría anotarme la dirección, por favor?
Can you please write down the address?

¿Dónde se encuentra?
How can I get there?

¿Está lejos?
Is it far?

Averiguación por escrito

Estimado Señor o Señora:

Quisiéramos hacer una re-
servación para una ha-
bitación para dos perso-
nas, con baño privado y
ducha , desde el 7 hasta
el 15 de agosto, preferible-
ment con vista al mar y
un balcón.

Sírvase decirnos el precio
de una habitación doble
con desayuno, o desayuno
con almuerzo, o con pen-
sión completa.

Dear Sir/Madam,

We would like to reserve a
room for two persons with
attached bath, with an
ocean view and balcony if
possible, from August
7–15.

Please give us the rates
for a double room, and
also the rates for break-
fast, half board and full
board.

Muchas veces la palabra **cheap** implica algo que es de baja calidad. Por eso, una mejor traducción de *barato* is **inexpensive** o **less expensive**.

Reserva por teléfono

Póngame con la encargada de
reservaciones, por favor.
Please give me room reservations.

Un momento, le comunico.
Just a minute, I will connect you.

Gran hotel, reservaciones. ¿En qué
puedo servirle?
**Grand Hotel, room reservations. May I
help you?**

Quisiera reservar un habitación para esta
noche.
I would like to have a room for tonight.

¿A qué hora llega?
When will you arrive?

Alrededor de las 17 horas.
About 5 p.m.

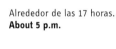

Le reservaremos la habitación hasta las 18 horas. Si
llega más tarde, por favor llámenos.
**We will reserve your room until 6 p.m. If you will be
arriving later, please let us know.**

Una **double** es una habitación para dos personas; sería más preciso hablar en
términos de **double room**, pero nadie lo dice así.

En recepción

Buenos días, quisiera una habitación para una noche.
Good day, I would like a room for one night.

Tenemos una habitación doble por 120 euros.
We have a double room for 120 euros.

De acuerdo ¿Puedo pagar con la tarjeta de crédito?
That's fine. Can I pay by credit card?

Sí, claro.
Of course.

¿Puedo ver la habitación?
Can I look at the room?

Sí, cómo no.
Yes, of course.

De acuerdo, me quedo con la habitación.
Good, I will take it.

Aquí tiene las llaves. El número de su habitación es el 212 y está en el segundo piso.
The keys are here. The room number is 212, on the second floor.

Una **double bed** es una cama ancha, pero si Ud. prefiere dos camas individuales debe pedir **twin beds**.

He reservado una habitación.
I have reserved a room.

¿Puedo ver la habitación?
Can I look at the room?

Me quedo con la habitación.
I will take the room.

La habitación no me gusta.
I don't like the room.

La habitación es ...
The room is ...
  demasiado pequeña.
  too small.
  demasiado ruidosa.
  too noisy.
  demasiado oscura.
  too dark.

¿Podría darme otra habitación?
Can I have another room?

¿Hay alguna habitación ...
Do you have something ...
  más tranquila?
  quieter?
  más grande?
  bigger?
  más barata?
  cheaper?
  con balcón?
  with a balcony?

¿Tienen habitaciones para no fumadores?
Do you have non-smoking rooms?

¿Tienen habitaciones con tres camas?
Do you have rooms with three beds?

¿Podría poner otra cama más?
Could you put in a third bed?

¿Hay ascensor?
Is there an elevator?

¿El desayuno está incluido?
Is breakfast included?

¿Dónde puedo dejar el coche?
Where can I park my car?

¿Hay garaje?
Do you have a garage?

Me quedo dos noches.
I will stay for two nights.

No sé todavía cuánto tiempo nos quedaremos.
I don't yet know how long we will stay.

¿Hay algún sitio aquí cerca donde podamos comer a esta hora?
Can we still get something to eat in the neighborhood?

Lleve el equipaje a la habitación, por favor.
Please bring the luggage to the room.

Lo que usted oye

We are full.
Está todo lleno.

In whose name?
¿A qué nombre?

How long would you like to stay?
¿Cuánto tiempo desea quedarse?

Fill in the registration form, please.
Llene el formulario, por favor.

May I see your passport?
¿Me enseña su pasaporte, por favor?

Please sign here.
Firme aquí, por favor.

Si una cama **double bed** no le satisface, hay muchos hoteles que tienen camas más anchas (**queen size beds** y **king size beds**).

Averiguaciones y peticiones

Me gustaría quedarme una noche más.
I would like to extend my stay by one night.

La llave de la habitación 212, por favor.
The key for room 212, please.

La puerta se ha cerrado con las llaves dentro.
I have locked myself out of my room.

He perdido la llave.
I have lost my key.

¿Podría poner esto en su caja fuerte?
Can you put that into your safe?

¿Podría despertarme a las 8?
Can you wake me at 8 o'clock?

¿Me ha llegado alguna carta?
Is there any mail for me?

Estoy esperando una llamada telefónica.
I am expecting a phone call.

Por favor, deje dicho que ...
Please inform them that I ...
 volveré a llamar.
 will call them back.
 vuelvo esta tarde.
 will be back in the evening.

Quisiera dejar un mensaje para el Sr. García.
I would like to leave a message for Mr. García.

¿A qué hora sirven el desayuno?
When is breakfast served?

¿Dónde puedo desayunar?
Where can one have breakfast?

¿Está abierto el hotel durante toda la noche?
Is the hotel open the whole night?

¿Cuándo debo dejar libre la habitación?
When must I check out of the room?

DO NOT DISTURB!

¿Podría traerme una toalla, por favor?
Can you please bring me a towel?

¿Podría darme otra manta?
Can I have an extra blanket?

¿Podría conseguirme una máquina de escribir?
Can you get a typewriter for me?

¿Puedo mandar un fax desde aquí?
Can I send a fax from here?

Otra palabra en inglés para *piso* es **story**.

El personal del hotel

el director
manager

el recepcionista
receptionist

el mozo
bell boy

el portero
porter

la camarera
chambermaid

el servicio de habitaciones
room service

Quejas

La llave no entra.
The key doesn't fit.

La puerta no se abre.
The door won't open.

No han arreglado la habitación.
The room has not been made.

El baño está sucio.
The bathroom is dirty.

No tengo toallas.
There are no towels.

La ventana no se puede abrir /
cerrar.
**The window can't be opened /
closed.**

Partida

Nos marchamos mañana por la
mañana.
We are leaving tomorrow morning.

Nos marchamos ahora.
We are leaving now.

Me da la cuenta, por favor.
I would like the bill.

¿Puedo pagar con tarjeta del
crédito?
Can I pay by credit card?

Pago en efectivo.
I am paying cash.

Creo que se ha equivocado.
I think that you made a mistake.

¿Podría dejar aquí mi equipaje todo
el día?
**Can I leave my luggage with you for
the day?**

¿Podría llamar un taxi?
Could you call me a taxi?

Nos ha gustado.
We were very pleased.

Me podría traer mi equipaje, por
favor.
Please get my luggage.

En los negocios una cuenta generalmente se llama **invoice**; sin embargo en un
hotel y un restaurante la palabra es **bill**.

Accesorios

el adaptador
adapter

la cama para
el niño
child's bed

el cenicero
ashtray

la maleta
suitcase

la plancha
iron

las almohadas
pillows

el televisor
TV

el frigorífico
refrigerator

la bombilla
light bulb

los avíos de
costura
sewing kit

la toalla
towel

la cerradura
lock

el peine
comb

la llave
key

Cuando se viaja por Estados Unidos es aconsejable tener un adaptador para los
aparatos eléctricos, pues no todos los hotels los tienen.

el teléfono
telephone

el excusado
bathroom

el despertador
alarm clock

el cepillo de
dientes
toothbrush

la cama **bed**
la manta **blanket**
la sábana **bedsheet**
el papel de cartas **stationery**
la cama doble **double bed**
la ducha **shower**
la cama individual **single bed**
el cubito de hielo **ice cube**
la electricidad **electricity**
el piso **floor**
la ventana **window**
el secador **hair dryer**
el desayuno **breakfast**
el equipaje **luggage**
media pensión **half board**
temporada alta **high season**
la manta eléctrica **electric blanket**
la calefacción **heating**
el agua fría **cold water**
el cuidado del niño **babysitting / child care**

el registro **reception desk**
el ascensor **elevator**
el baño **bath**
el albornoz **bathrobe**
la toalla de baño **bath towel**

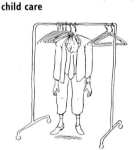

las perchas **hangers**
el armario **wardrobe / closet**
el climatizador **air-conditioning**
la lámpara **lamp**
el colchón **mattress**
la vista al mar **ocean view**
el minibar **mini-bar**
la temporada baja **low season**

la bañera **bathtub**
el balcón **balcony**

En inglés una plancha es **an iron**; la misma palabra sirve también como verbo: **to iron** = *planchar*.

la mesita de noche **night table**
fuera de temporada **off season**
la papelera **wastepaper basket**
la radio **radio**
la factura **bill**
la reservación **reservation**
el restaurante **restaurant**
la recepción **reception**
la persiana **shutters**
tranquilo **quiet**
la caja fuerte **safe**
el armario **wardrobe / closet**
el escritorio **desk / writing table**

el papel higiénico **toilet paper**
la puerta **door**
el ventilador **fan / ventilator**
el prolongador **extension cord**
la pensión completa **full board**
la cortina **curtain**
la pretemporada **pre-season**
el agua caliente **warm water**
el lavabo **wash basin**
el agua **water**
los objetos de valor **valuables**
la pasta dentífrica **toothpaste**
la habitación **room**
el número de la habitación **room number**
a la calle **to the street**

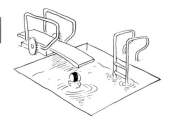

la piscina **swimming pool**
el jabón **soap**
el sillón **armchair**
el espejo **mirror**
la toma de corriente **socket**
el enchufe **plug**
el piso **floor**
el tapón **plug / stopper**
la playa **beach**
la silla **chair**
la terraza **terrace**

Without a stitch on significa *en cueros vivos*.

Reserva de una casa de vacaciones

El apartamento de vacaciones
Vacation apartment

La casa de vacaciones
Vacation house

Buscamos un apartamento de vacaciones para tres semanas.
We are looking for a vacation apartment for three weeks.

Hemos alquilado un apartamento de vacaciones por tres semanas.
We have rented a vacation apartment for three weeks.

Somos cuatro.
There are four of us.

Necesitamos dos habitaciones.
We need two bedrooms.

Necesitamos cuatro camas.
We need four beds.

¿Cuántas camas hay en la casa?
How many beds are there in the house?

¿Dónde tengo que recoger las llaves?
Where do I pick up the keys?

la vista al mar
ocean view

¿El apartamento de vacaciones está completamente amueblado?
Is the vacation apartment completely furnished?

¿Tenemos que traer ropa de cama?
Do we have to bring bed linen?

¿Cuánto cuesta el alquiler de la ropa de cama?
What does it cost to rent bed linen?

¿Hay calefacción central en la casa?
Does the house have central heating?

¿El apartamento tiene teléfono?
Does the apartment have a phone?

¿Puedo hacer llamadas telefónicas o sólo recibirlas?
Can I make outgoing telephone calls, or only receive incoming calls?

¿Está incluida la limpieza final?
Is the final cleaning included?

¿Cuánto cuesta la limpieza final?
What does the final cleaning cost?

Cuando los norteamericanos cuentan los pisos de un edificio empiezan con la planta baja, que se llama **the first floor**.

Casa de vacaciones – Asuntos Prácticos

¿Dónde están los cubos de basura?
Where are the garbage cans / trash cans?

¿Tengo que clasificar la basura?
Do I have to I separate the garbage?

¿Cuándo recogen la basura?
When is the trash / garbage picked up?

¿A quién puedo dirigirme si hubiera algún problema?
Whom should I contact if there are problems?

¿Puede dejarme el número de teléfono?
Can you give me the phone number?

Durante nuestra estancia se ha roto un vaso.
During our stay, a glass broke.

¿Cuánto le debo?
How much do I owe you for it?

Se ha roto el cristal de la ventana.
The windowpane broke.

¿Dónde puedo llevarlo a reparar?
Where can I have it repaired?

¿Dónde puedo ...
Where can one ...
  ir de compras?
  shop?
  llamar por teléfono?

make a phone call?
lavar la ropa?
do the laundry?
tender la ropa?
hang up the laundry?

El excusado está obturado.
The toilet is clogged.

La calefacción no funciona.
The heating isn't working.

No hay agua.
There is no water.

No hay agua caliente.
There is no hot water.

El grifo gotea.
The faucet is dripping.

→ ARTÍCULOS CASEROS, p. 159; HERRAMIENTAS, p. 164; EQUIPO DE CAMPAMENTO, p. 165

La palabra **rubbish** o **trash** significa *basura*, pero se usa también para indicar *porquerías* o *tonterías*.

Equipo

 los cubiertos
**cutlery /
silverware**

 el frigorífico
refrigerator

 el televisor
TV

 el interruptor de la luz
light switch

 la hornilla de gas
gas range

la sartén
frying pan

 la vajilla
dishes

 la cerradura
lock

 el vaso / la copa
glass

la llave
key

la parrilla
grill

 la aspiradora
vacuum cleaner

 la olla
**saucepan /
pot**

la toma de
corriente
socket

La palabra **television** indica tanto un televisor como la televisión en general y se abrevia a **TV** (tiví).

la silla
chair

el teléfono
telephone

el plato
plate / dish

la grabadora de
vídeo
**VCR / video
recorder**

el grifo
faucet

el baño **bath**
el balcón **balcony**
la cama **bed**
el calentador **hot water heater**
la ducha **shower**
la cocina / el hornillo eléctrico
electric range
la ventana **window**
el cristal de la ventana **window
pane**
el lavaplatos **dishwasher**
la calefacción **heating**
la cafetera **coffee machine**
la chimenea **chimney**
la calefacción de carbón **coal heating**
la cocina **kitchen**
el microondas **microwave**
la radio **radio**
el dormitorio **bedroom**
la terraza **terrace**
la mesa **table**
el tostador **toaster**
la puerta **door**
el agua caliente **hot water**
la secadora **clothes dryer**
la lavadora **washing machine**
la sala **living room**
la calefacción central **central heating**

Vocabulario importante

la fecha de salida **date of departure**
la fecha de llegada **date of arrival**
el apartamento **apartment**
la casita de campo **bungalow**
el lugar turístico **vacation spot**
la casa de vacaciones **vacation house**
el apartamento de vacaciones
vacation apartment
el garaje **garage**

la vista al mar **ocean view**
el alquiler **rent**
la basura **garbage**
el cubo de la basura **garbage can**
los gastos adicionales **extra costs**
la corriente **power**
el voltaje / la tensión eléctrica
voltage
el alquilador **landlord**

La palabra **garage** no significa solamente un garage para estacionar un coche,
sino también un taller mecánico.

Albergue juvenil

¿Quedan habitaciones libres?
Do you still have rooms available?

¿Tiene también habitaciones sólo para mujeres?
Do you also have rooms only for women?

¿Cuánto cuesta ...
What is the cost of...
por una noche?
an overnight stay?
la ropa de cama?
bed linen?
un armario con llave?
a lockable cupboard?

¿Hay habitaciones más baratas?
Is there any other reasonably priced accommodation?

¿Puedo utilizar mi saco de dormir?
Can I use my own sleeping bag?

¿Tiene la ropa de cama?
Do you have bed linen?

¿Dónde está ...
Where is ...
el cuarto de aseo?
the washroom?
la ducha?
the shower?
el excusado?
the toilet?

¿Hay cajas de seguridad?
Do you have lockers?

¿Cuándo cierra de noche?
When do you close in the evening?

¿Cierra durante el día?
Do you close during the day?

¿Hay servicio de desayuno?
Is breakfast served?

¿Cuánto cuesta el desayuno?
What does the breakfast cost?

¿A qué hora sirven el desayuno?
When is breakfast served?

¿Es posible trabajar a cambio de pernoctación y desayuno?
Is it possible to work in exchange for the room and breakfast?

¿Me cuesta menos si me quedo más tiempo?
Are there reduced rates for longer stays?

¿Dónde puedo dejar un recado?
Where can I leave a message?

¿Puedo dejarle un mensaje?
Can I leave a message with you?

¿Puedo pedir que me envíen aquí mi correspondencia?
Can I have mail sent here?

¿Ha llegado correo para mí?
Has any mail come for me?

¿Esta zona es segura de noche?
Is the area safe at night?

¿Qué líneas de autobuses salen de aquí ...
Which bus lines go from here ...
a la estación de ferrocarril?
to the railway station?
al puerto?
to the harbor?
a la playa?
to the beach?
al aeropuerto?
to the airport?
al centro de la ciudad?
downtown?

¿Puedo dormir en otra habitación esta noche?
Can I have another room tonight?

¿Puedo dejar mi equipaje aquí hasta las 12?
Can I leave my luggage here until 12 o'clock?

Off the beaten track se aplica a las regiones alejadas de las rutas y los sitios turísticos más remotos.

En el campamento

¿Quedan sitios libres?
Do you still have vacant camping spots?

¿Tengo que hacer una reservación?
Do I have to register in advance?

¿Con cuánto tiempo de antelación?
How far in advance?

¿Cuánto se paga por noche por ...
What does it cost per night for ...

una tienda?
a tent?
una caravana?
a trailer?
una autocaravana?
a camper?
una persona?
one person?
un coche?
a car?
una cabaña?
a cottage?

Nos quedaremos tres días / semanas.
We will stay for three days / weeks.

¿Puede decribirme cómo llegar al lugar de camping?
Can you tell me how to get to my camping spot?

¿Dónde están ...
Where are the ...
  los servicios higiénicos?
  toilets?

servicios de aseo?
washrooms?
las duchas?
showers?
los contenedores de basura?
garbage cans?

¿Qué voltaje hay aquí?
What voltage is used here ?

¿Hay tienda de comestibles?
Is there a grocery store?

¿Está permitido encender fuego?
Are we allowed to light fires?

¿Está el camping vigilado por la noche?
Is there someone on duty at night?

¿Dónde encuentro al guardabosque?
Where can I speak to the ranger?

¿Cuál es el lado expuesto al viento?
Which is the windy side?

¿Me puede prestar una estaca, por favor?
Can you please lend me a tent peg?

¿Dónde puedo comprar / cambiar la bombona de gas?
Where can I rent / exchange gas cylinders?

To leave no stone unturned significa que una persona busca o verifica por todas partes.

la lámpara de
petróleo
**kerosene lamp /
hurricane lamp**

el enchufe
plug

la toma de corriente
electrical connection

la bombona de gas
gas cylinder

el hornillo de gas
gas stove

la estaca
tent peg

el parque infantil
children's playground

la tienda de comestibles
grocery store

el costo del arriendo
rental fee

las monedas
coins

el gas propano
propane

el agua potable
drinking water

la lavadora
washing machine

el cuarto de aseo
washroom

el suministro de agua
water connection

la autocaravana
camper

la caravana
trailer

la tienda
tent

el palo de la tienda
tent pole

→ ARTÍCULOS CASEROS, p. 159;
HERRAMIENTAS, p. 164; EQUIPO DE
CAMPAMENTO, p. 165

Las palabras para *estaca* y *palo de tienda* son, respectivamente, **tent peg** y **tent pole**.

En la granja

el tractor
tractor

la segadora-
trilladora
harvester

el campo
field

el cereal
grain

la espiga
ear of grain

El refrán *Los árboles no dejan ver el bosque* tiene su equivalente en inglés: **You can't see the forest for the trees.**

la paja
straw

el heno
hay

el caballo
horse

el asno
donkey

el cerdo
pig

La palabra española *actual* tiene su equivalente en inglés (**actual**); sin embargo, cuando se hable de *moderno* la palabra **current** es preferible.

la cabra
goat

el polluelo
chick

la oveja
sheep

el ganso
goose

la vaca
cow

el pato
duck

el becerro
calf

el pavo
turkey

el gallo
rooster / cock

el gato
cat

la gallina
chicken

el perro
dog

When it rains it pours: la mala suerte nunca llega sola.

Comer y beber

La cocina

Pese a la opinión de muchos, hay bastante variedad en la cocina norteamericana. Visitar restaurantes de Estados Unidos puede ser el equivalente metafórico de una vuelta por el mundo debido a la gran variedad de culturas distintas en este país. Hay auténtica cocina étnica en todas las ciudades de cierto tamaño y muchas veces los precios son sumamente módicos.

Es así como la cocina norteamericana ofrece mucho más que hamburguesas baratas. En un buen **steakhouse** se pueden encontrar carnes tiernas y deliciosas, como también pescados y mariscos.

La tal llamada "nueva cocina norteamericana" posee influencias de las cocinas francesa, californiana y oriental. El resultado se llama **fusion**, y aun en Europa esta cocina goza de popularidad cada vez mayor.

Los estadounidenses prefieren tomar un desayuno sustancioso. Para los que cuentan las calorías, el almuerzo (**lunch**) consta de una sopa y una ensalada; los que tienen más hambre comen también un emparedado. La cena (**dinner**) normalmente es la comida más importante del día. Por lo común las porciones son abundantes.

Una visita a un buen restaurante norteamericano no suele ser un placer barato. Sin embargo hay también muchos restaurantes con precios más moderados.

¿Dónde comer?

Steakhouse
Todo tipo de carnes.

Diner
Un restaurante simple, típico de la costa este del país, a menudo revestido de cromo brillante y muchas veces al lado de un camino.

Bar and Grill
Un restaurante pequeño y sencillo.

Café
Otro tipo de restaurante simple.

Cafeteria
Restaurante de autoservicio.

Coffee Shop
Desayuno, meriendas, y por supuesto, mucho café.

Drive-In Restaurant
Restaurante en el que se lleva la comida al coche.

Drive-Through Restaurant
Se pide hablando desde el carro en un micrófono y luego manejando hasta una ventanilla para recoger la comida.

Fast-Food Restaurant
Comida rápida y barata.

Sandwich Shop
Comida simple para llevar (ensaladas, emparedados, etc.).

Tavern, Pub, Bar
Bares de todo tipo.

Delicatessen (Deli)
Fiambrería y tienda de emparedados y manjares delicados.

Bagel Shop
Pan en forma de rosquilla, con o sin aderezos.

Bakery
Panadería.

Doughnut Shop
Rosquillas y café.

Ice-Cream Parlor
Heladería

La palabra general para una comida es **meal**. El verbo que acompaña este término es **to eat**.

Comidas

el desayuno
breakfast

el almuerzo
lunch

la cena
dinner

Horarios de comida

Desayuno, 7 – 10 a.m.
Breakfast, 7 – 10 a.m.

Almuerzo, 13 – 15 p.m.
Lunch, 1 – 3 p.m.

Cena, 21 – 23:30 p.m.
Dinner, 9 – 11:30 p.m.

Lo que usted oye

Do you have a reservation?
¿Ha reservado mesa?

Smoking or non-smoking?
¿Fumador o no fumador?

Would you like a drink before your meal?
¿Quiere tomar primero un aperitivo?

Would you like to order?
¿Quiere pedir?

Today's specials are ...
Los platos del día son ...

I recommend ...
Le recomiendo ...

I'm sorry, we're out of that.
Lo siento, ya no nos queda.

What would you like to drink?
¿Qué quiere de tomar?

Can I give you another?
¿Me permite servirle un poco más?

Is everything okay?
¿Está todo bien?

Would you like anything else?
¿Desea algo más?

Did you enjoy your meal?
¿Ha sido de su agrado?

Frecuentemente necesario

¿Dónde están los servicios?
Where are the restrooms?

¿Me sirve un poco más, por favor?
Can you please pour me another one?

¿Podría traerme otra vez el menú?
Can I please have the menu again?

Quisiera pedir.
I would like to order.

¿Podría traerme la carta de vinos?
Can you bring the wine list?

No gracias, estoy satisfecho.
No thank you, I'm full / that's all.

¿Puedo pagar con tarjeta de crédito?
Can I pay by credit card?

Avisos

Carry-out
Comida para llevar

You may order until nine o'clock.
Aceptamos pedidos hasta las 21 horas.

Please wait to be seated.
Por favor espere hasta que le indiquemos una mesa.

Please pay the cashier.
Por favor pague en la caja.

Today's / Daily Special
Menú del día

Hay varios términos para el baño: **toilets** (sólo en lugares públicos como un parque), **restrooms**, **bathrooms**, y también **men's room/ladies' room**.

En un restaurante

Los norteamericanos tienen un punto de vista muy práctico en cuanto a las comidas: deben satisfacer el hambre y ser de corta duración. Una comida exitosa cumple con estos dos requisitos.

La comida rápida no es necesariamente de baja calidad y a veces puede ser deliciosa.

Aun en los mejores y más caros restaurantes se estima la prontitud. No existe la costumbre de pasar toda la noche comiendo y charlando sentados alrededor de una mesa. Si la gente tiene ganas de seguir platicando, se va a un bar. Se sirven los distintos platos con rapidez, se come sin excesiva lentitud, se paga y se va, mientras se vuelve a preparar la mesa para el segundo o tercer turno de comensales.

Por lo común debe esperarse en el vestíbulo del restaurante hasta que una camarera u otro empleado lo invite a sentarse a una mesa. Las excepciones a esta norma son los **fast-food restaurants** y los **coffee shops**. En los buenos restaurantes (y en los que pretenden serlo) hay un letrero cerca de la entrada que dice **Please wait to be seated** (Por favor, espere hasta que le indiquen su asiento).

Puede ser necesario hacer cola pacientemente, sobre todo si no se tiene reservación. En los buenos restaurantes el personal le invita a pasar el tiempo con una bebida en el bar. Muchas veces hay tapas u otras meriendas gratuitas, y a veces la bebida también lo es. Cuando hay una mesa libre, se le informa y Ud. puede llevar su bebida a la mesa.

Normalmente todo se pone en una sola cuenta, a menos que usted solicite lo contrario. Raras veces está incluída la propina (**tip** o **gratuity**) en la

Tengo hambre.
I am hungry.

¿Puede recomendarme un buen restaurante?
Can you recommend a good restaurant?

Quisiera comer algo.
I would like something to eat.

Sólo quiero comerme un bocadillo.
I would just like a bite of something.

Sólo quiero beber algo.
I would just like something to drink.

Quisiera desayunar.
I would like to have breakfast.

Quisiera cenar.
I would like to have dinner.

Quisiera almorzar.
I would like to have lunch.

cuenta, pero es posible en el caso de turistas. Lo normal es dejar 10% del total, en efectivo, en desayunos y almuerzos, y del 15% al 20% en las cenas.

En los **coffee shops** hay que ir a la caja (**cashier**) para pagar la cuenta. En tal caso, se deja la propina sobre la mesa.

En los mejores restaurantes hay que ir vestido de forma adecuada para la ocasión (una chaqueta y una corbata [**tie**] para los señores); de lo contrario, no se le permitirá entrar. En los demás restaurantes basta con ropa informal.

Es aconsejable mostrarle cortesía al camarero o a la camarera, llamándolos **sir** o **miss**.

Pedidos

¡Perdone!
I'm sorry!

¿Sí, señor?
Yes, sir?

¿Podría traerme el menú, por favor?
Can I please have the menu?

Claro. Un momento.
Of course. Just a minute.

¡Gracias!
Thanks!

De nada.
Don't mention it.

¿Desea pedir?
Would you like to you order?

¿Qué me recomienda?
What do you recommend?

Le recomiendo el plato del día.
I recommend the day's special.

¡Gracias! Quisiera ...
Thanks! I would like ...

Si el camarero le pregunta **Will that be all?** o **Are you all set?** está preguntándole, *Desea Ud. algo más?*

Hacer una reserva

Quisiera reservar una mesa ...
I would like to reserve a table ...
  para seis personas.
  for six people.
  para esta noche.
  for tonight.
  para las 20.
  for eight p.m.

He reservado una mesa a nombre del Sr. Hayes.
I have reserved a table in the name of Hayes.

Quisiera una mesa ...
I would like a table ...
  junto a la ventana.
  at the window.

  en un rincón tranquilo.
  in a quiet corner.

¿Hay un área de fumadores / no fumadores?
Do you have a smoking / non-smoking area?

¿Dónde podemos esperar?
Where can we wait?

¿Cuánto tiempo tenemos que esperar?
How long will we have to wait?

Ordenar

El menú y la lista de vinos, por favor.
The menu and wine list, please.

¿Me puede sugerir algo especial?
What do you particularly recommend?

¿Podemos pedir las bebidas de inmediato?
Can we order the beverages right now?

¿Hay raciones para personas de niños / edad?
Do you also have children's / senior citizens' portions?

¿Hay también comida vegetariana?
Are there also vegetarian dishes?

¿Este plato contiene alcohol?
Is there any alcohol in this dish?

Soy diabético.
I am a diabetic.

No tengo mucha hambre. ¿Puede traerme una ración pequeña?
I am not very hungry. Can I have a small portion?

Quiero ...
I will have ...

¿Puede preparar este plato sin ajo?
Can you prepare the dish without garlic?

Una botella de vino, por favor.
One bottle of wine, please.

Cuando Ud. pida, puede decir **I would like...**, **I'll take...**, o **I'll have...**

Al pagar

Quisiera pagar la cuenta, por favor.
I would like to pay the bill, please.

Tengo prisa.
I am in a hurry.

¿Está incluida la propina en la cuenta?
Is the tip included in the bill?

Todo junto, por favor.
Everything on one bill, please.

Cuentas separadas, por favor.
Separate bills, please.

¿Aceptan ...
Do you take ...

tarjetas de crédito?
credit cards?
cheques de viajero?
travellers checks?
cheques?
checks?

Creo que usted se ha equivocado en la cuenta.
I'm afraid you haven't totaled that up right.

No he pedido eso.
I did not have that.

El cambio es para usted.
The change is yours.

Elogios

La comida estuvo deliciosa.
The meal was excellent.

Me ha gustado mucho.
I liked it.

Muchas gracias, el servicio ha sido excelente.
Thank you very much, the service was excellent.

Recomendaremos este sitio a los demás.
We will recommend this place.

Quejas

No he pedido eso.
I didn't order that.

La carne está dura.
The meat is too hard.

¿Se ha olvidado de nosotros?
Have you forgotten us?

Lo siento, pero no he quedado complacido.
I am sorry, but I was not pleased.

El servicio ha sido ...
The service was ...
desatento.
sloppy.
poco amable.
unfriendly.

La comida estuvo ...
The meal was ...
demasiado salada.
too salty.
fría.
cold.

¡No se olvide de dejar una propina! Los camareros no reciben un sueldo suntuoso, y cuentan con este estímulo.

En la mesa

el cenicero
ashtray

la taza
cup

los cubiertos
silverware

el plato
plate

el tenedor
fork

la bebida **beverage**
la pimienta **pepper**
la sal **salt**
el plato hondo **bowl**
la mostaza **mustard**
la cucharilla **teaspoon**
el mantel **tablecloth**
el azúcar **sugar**

el vaso
glass

la silla para niños
highchair

¿Falta algo?

¿Podría traerme la pimienta?
Can you bring me some pepper?

Falta un tenedor.
I don't have a fork.

¿Me puede pasar el azúcar?
Can you please pass me the sugar?

la cuchara
spoon

¿Cómo estuvo todo?

el cuchillo
knife

La comida es / está ... **The food is ...**
  ligera. **simple.**
  sustanciosa. **hearty.**
  dulce. **sweet.**
  agria. **sour.**
  sabrosa. **tasty.**
  muy condimentada. **very spicy.**
  picante. **hot.**
  demasiado picante. **too hot.**

la servilleta
napkin

La palabra **hot** puede significar tanto *caliente* como *picante*.

El menú

Una buena cena (**dinner**) norteamericana consta de tres platos: un aperitivo (**appetizer**), el plato principal (**entree**) y el postre (**dessert**).

Siempre hay agua fría y no es necesario pedir otra bebida si el agua es suficiente. Según los estándares en otros países, los vinos en botella en los restaurantes son bastante baratos.

En cuanto a las bebidas, los norteamericanos toman lo que les dé la gana. En los **coffee shops** y los **diners** abunda la cerveza, las gaseosas y el café.

Por lo común el plato del día (**daily special**) no aparece en el menú. Es el camarero quién lo menciona.

Los norteamericanos nunca sirven un plato de pescado como entremés antes del plato de carne. El pescado es siempre un plato principal.

En restaurantes de mediana calidad y sobre todo en los **steakhouses** hay que pedir los **side dishes** (entremeses) individualmente.

Raras veces se come queso de postre. Los postres suelen ser bastante suntuosos y a los nortemericanos les gustan mucho los pasteles. Lo normal es servir el café con el postre.

los entremeses fríos
cold appetizers

los entremeses calientes
hot appetizers

las sopas
soups

las ensaladas
salads

los platos de huevos
egg dishes

el pescado
fish

los mariscos
shellfish

la carne
meat

la carne de ave
poultry

las guarniciones
side dishes

las verduras
vegetables

el queso
cheese

el postre
dessert

las bebidas sin alcohol
soft drinks

las bebidas alcohólicas
alcoholic beverages

las bebidas calientes
hot beverages

¡Cuidado con la pronunciación de **dessert** (*postre*)! Debe sonar distinto de **desert** (*desierto*).

Desayuno

Para muchos norteamericanos el desayuno es un **muffin** (un bollo de pan que se suele servir caliente) o un **bagel** y una taza de café que se toman durante el viaje diario al trabajo. Otros norteamericanos acostumbran tomar un desayuno sustancioso.

Platos típicos son panqueques (**pancakes**) con jarabe de arce (**maple syrup**) y huevos revueltos (**scrambled eggs**) con pequeñas salchichas (**sausage links**) y **hash browns** (papas y cebolla doradas en la sartén). Otra comida preferida es **waffles** (wafles) con helado y frutas. Tampoco es insólito ver un norteamericano poner de todo lo precedente en su plato a la vez.

Se toma también un vaso de zumo de naranja y una taza de café. En los restaurantes la camarera sirve café espontáneamente, y a veces el café es gratuito.

En muchos de los hoteles simples no se sirve el desayuno, debido a lo cual los huéspedes van al **coffee shop** más próximo.

A veces se ofrece un **continental breakfast** (pan, mermelada y café o jugo de fruta). Si Ud. prefiere algo más sustancioso, es preferible ir a un **coffee shop**, donde las posibilidades son más amplias.

una taza de café
a cup of coffee

un vaso de leche
a glass of milk

una lonja de jamón
a slice of ham

A veces se oye el término **hangover breakfast**—un desayuno de resaca después de una noche muy tempestuosa.

Bebidas

el café
coffee

el té
tea

la leche
milk

el zumo / jugo de
naranja
orange juice

el cacao **cocoa**
la tisana **herbal tea**

Huevos

los huevos revueltos **scrambled eggs**
el huevo escalfado **poached egg**
los huevos con tocino **bacon and eggs**
los huevos con jamón **ham and eggs**
la tortilla francesa **omelet**

el huevo frito
fried egg

el huevo pasado
por agua
soft-boiled egg

el huevo duro **hard-boiled egg**

A los norteamericanos les gusta desayunar con huevos en todas sus formas. Los huevos duros se sirven principalmente en **egg salad**.

Pan y bollos

el panecillo
roll

el pan blanco
white bread

el pan integral
whole wheat bread

la medialuna
/ el croissant
croissant

el pan tostado
toast

el pan **bread**

el pan de trigo **wheat bread**

el pan con comino **caraway seed bread**

el pan de centeno **rye bread**

la mantequilla **butter**

la miel **honey**

el pan sueco **crispbread / cracker**

la mermelada **jam**

el jarabe **syrup**

la galleta dulce **rusks / zwieback**

Miscelánea

las frituras
fritters

las patatas fritas
fried potatoes / hash browns

las hojuelas de maíz / los cornflakes
cornflakes

la papilla de avena / quáquer
oatmeal / porridge

el queso
cheese

el müesli
müsli / granola

la fruta
fruit

el crepe / la tortilla
pancake

el jamón
ham

el tocino
bacon

el endulzador / el dulcificante / el edulcorante
sweetener / sugar substitute

los wafles / los barquillos
waffles

el embutido
sausage

la salchicha
sausage

el yogur
yogurt

el azúcar
sugar

Para muchos norteamericanos el desayuno es un tazón de cereal con leche y un vaso de jugo de naranja.

Entradas

las alcachofas **artichokes**
las ostras **oysters**
los camarones / las gambas **prawns**
los berberechos **cockles**
el coctel de camarones **crab cocktail**
el cangrejo **crab**
el melón **melon**
los mejillones **mussels**
el salmón ahumado **smoked salmon**
las sardinas **sardines**
las almejas **clams**

Sopas

la sopa del día **soup of the day**
la sopa de verdura **vegetable soup**
la sopa de fideos **noodle soup**
la sopa de tomate **tomato soup**
el caldo de pollo **chicken broth**
el caldo de ternera **beef broth**

Ensaladas

la ensalada de lechuga **green salad**
la ensalada mixta **mixed salad / tossed salad**
la ensalada de papas / patatas **potato salad**
la ensalada de atún **tuna salad**
la ensalada con huevos **egg salad**

Aderezos

la salsa Roquefort **Roquefort dressing**
la vinagreta **vinaigrette dressing**
la salsa italiana **Italian dressing**
la salsa francesa **French dressing**
la salsa rusa **Russian dressing**

Aceites y vinagres

el aceite de oliva **olive oil**
el aceite de girasol **sunflower oil**
el vinagre balsámico **balsamic vinegar**
el vinagre de hierbas **herb vinegar**
el vinagre de fruta **fruit vinegar**
el vinagre de vino **wine vinegar**
el vinagre de limón **lemon vinegar**
la salsa de soja **soy sauce**
la mayonesa **mayonnaise**

El término **salad days** no es una dieta nueva, sino *la juventud*.

De lagos y océanos

la anguila **eel**
el tímalo **grayling**
la perca **perch**
el pez azul **bluefish**
el lenguado / la platija **flounder**
la trucha **trout**
la acerina **golden perch**
la dorada **golden bream**
el tiburón **shark**
el lucio, el sollo **pike**
el hipogloso / el halibut **halibut**
el arenque **herring**
el bacalao **codfish**
la carpa **carp**
el salmón **salmon**
la caballa **mackerel**
la lisa / el mújol **mullet**
la raya **ray / skate**
las huevas de pescado **roe**
la gallineta **red perch**
las anchoas **anchovies**
las sardinas **sardines**
el anón / el abadejo / el eglefino **haddock**
el lenguado / la platija **flounder**
el pez espada **swordfish**
el besugo **sea bream**
la merluza / el róbalo **sea pike**
el rape / el pejesapo **anglerfish**
el lenguado **sole**
el rodaballo / el turbo **turbot**
el eperlano / el esperinque **smelt**
el bacalao **salt cod**
el atún **tuna**
el calamar / la sepia **squid**
el barbo **catfish**
el sollo **sturgeon**
la lucioperca **pike-perch**

la langosta **lobster**

el camarón / la gamba **prawn**

el cangrejo **crab**

la ostra **oyster**
el berberecho **cockle**
la ostra jacobea **jacob mussel**
el escalope / la escalopa **scallop**
la lubina **sea bass**
el pulpo **octopus**
el langostino **crawfish / crayfish**
el mejillón **mussel**
el erizo de mar **sea urchin**
la centolla **spider crab**
la almeja **clam**

A fine kettle of fish (una buena olla llena de pescado) significa un lío o embrollo. **A queer fish** es una persona excéntrica.

Tipos de carne

el carnero
mutton

el cabrito
kid

el becerro
veal

la cabra
goat

el conejo
rabbit

Bistecs

a la inglesa **rare**
medio asado **medium**
bien hecho **well done**

el cordero
lamb

Especialidades

Porterhouse steak: Trozo grueso de rosbif con filete

T-bone steak: Bistec cortado más fino que el *porterhouse*

la vaca
beef

Rib eye steak: Trozo grueso del cuarto trasero

New York sirloin steak: Lomo con hueso

Tenderloin steak: Filete de solomillo

el cerdo
pork

Surf'n turf: Langosta con bistec

el lechón
suckling pig

Cuando se pide carne asada en un restaurante, se puede especificar **well done**, **medium**, o **rare** (bien cocida, a punto, o vuelta y vuelta).

Tajadas escogidas

el bistec **steak**

la pierna **round steak**

las mollejas **sweetbread**

la espadilla **tip**

el filete de solomillo **fillet steak**

el pescuezo **neck**

la pierna **leg**

los sesos **brain**

el entrecote **prime rib**

la chuleta **cutlet**

el mondongo / los callos **tripe**

el hígado **liver**

el lomo **loin**

el filete de lomo **loin steak**

los riñones **kidneys**

la nuez **chunks**

las chuletas **spare ribs**

el rosbif **roast beef**

el lomo **saddle of lamb / chine of beef**

el asado de culata **rump steak**

el jamón **ham**

el escalope **deep-fried cutlet**

el rabo **tail**

el tocino **bacon**

la lengua **tongue**

el costillar **rib steak**

Modos de preparar

dorado **browned**

asado **roasted**

bajo en colesterol **low cholesterol**

bajo en grasa **low-fat**

frito sumergido **deep fried**

para diabéticos **for diabetics**

cocido en el horno **baked**

frito **fried**

cocido al vapor **steamed**

relleno **stuffed**

a la parrilla **grilled**

picado **chopped / ground**

cocido **cooked**

ahumado **smoked**

revuelto **shaken / stirred**

dorado a fuego moderado **braised**

estofado **stewed**

mechado **larded**

garrapiñado **glazed**

el gulasch **goulash**

el picadillo **meat loaf**

bajo en calorías **low-calorie**

empanado **breadcrumb-fried**

crudo **raw**

fuerte **tangy**

Al principio de una comida el equivalente de *Buen provecho* corresponde a **Enjoy your meal.**

Aves de corral

el pato
duck

la gallina
chicken

el ganso
goose

el pavo
turkey

la paloma
pigeon

Aves y animales silvestres

el faisán
pheasant

la liebre
hare

el ciervo
stag

la perdiz
partridge

el ciervo
deer

el ánade
wild duck

el jabalí
boar

el pollo **chicken**
el capón **capon**
la gallina de Guinea **guinea fowl**
la pularda **young fattened hen**
la codorniz **quail**

el pollo asado **grilled chicken**

No se sirve mucha caza en los restaurantes norteamericanos.

Papas

las papas /
patatas fritas
hervidas en aceite
french fries

las papas / patatas fritas **roasted potatoes**

las papas / patatas al horno **baked potatoes**

las papas / patatas gratinadas **potatoes au gratin**

las croquetas **croquettes**

el puré **mashed potatoes**

las papas / patatas salteadas **pan-fried potatoes**

las papas / patatas cocidas **boiled potatoes**

las papas / patatas dulces **sweet potatoes / yams**

Fideos

los tallarines **flat noodles**

los macarrones **macaroni**

los espaguetis **spaghetti**

Arroz

el arroz salvaje **wild rice**

el arroz cocido **cooked rice**

el arroz frito **fried rice**

el arroz integral **whole-grain / brown rice**

Pan

el panecillo
roll

el pan negro
black bread

el pan integral
whole wheat bread

el pan blanco
white bread

el maíz **corn**

el trigo **wheat**

el centeno **rye**

la cebada **barley**

la avena **oat**

Ambas **fried potatoes** y **home fries** son papas fritas, pero son diferentes de las **french fries**, que son papas de corte acanalado que se fríen sumergidas en aceite.

Verduras

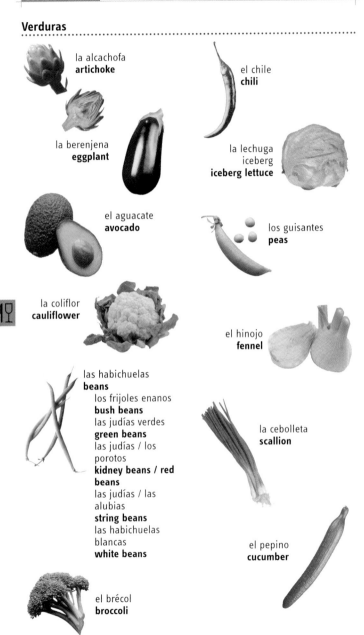

la alcachofa
artichoke

el chile
chili

la berenjena
eggplant

la lechuga
iceberg
iceberg lettuce

el aguacate
avocado

los guisantes
peas

la coliflor
cauliflower

el hinojo
fennel

las habichuelas
beans
   los frijoles enanos
   bush beans
   las judías verdes
   green beans
   las judías / los
   porotos
   **kidney beans / red
   beans**
   las judías / las
   alubias
   string beans
   las habichuelas
   blancas
   white beans

la cebolleta
scallion

el pepino
cucumber

el brécol
broccoli

To spill the beans (volcar las habichuelas) significa contarle un secreto a alguien.

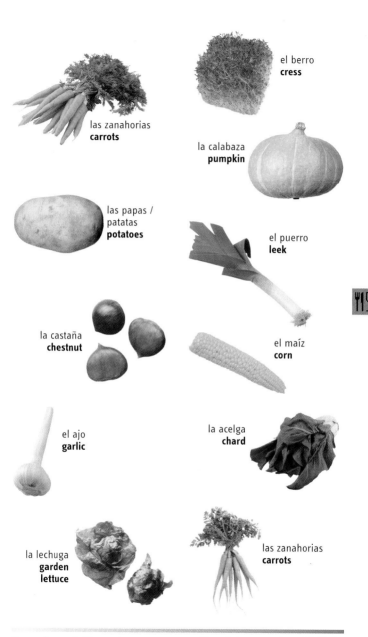

el berro
cress

las zanahorias
carrots

la calabaza
pumpkin

las papas /
patatas
potatoes

el puerro
leek

la castaña
chestnut

el maíz
corn

el ajo
garlic

la acelga
chard

la lechuga
**garden
lettuce**

las zanahorias
carrots

Un manjar preferido en el verano es **corn on the cob** (mazorca de maíz). El derivado **corny** se aplica a la sensiblería. Y no nos olvidemos que **corns** son también los *juanetes*.

Verduras

el
quingombó
okra

la remolacha / la
betarraga
beet

el pimentón
pepper

las coles de
Bruselas
brussel sprouts

el ají / los
pimientos
picantes
**chili pepper /
bell pepper**

los nabos rojos
red beets

los hongos / las setas
mushrooms

la lombarda
red cabbage

el rábano
radish

los nabos
turnips

En Norteamérica, **pepperoni** no tiene nada que ver con pimienta: es un tipo de
salchicha italiana que se usa en rodajas sobre las pizzas.

los calabacines
zucchini

los espárragos
asparagus

las espinacas
spinach

los guisantes
tiny green peas

el apio
celery

las cebollas
onions

los tomates
tomatoes

el berro **watercress**
la achicoria **chicory**
la escarola **endive**
la páprika **paprika**
los garbanzos **chick peas**
la col **cabbage**
las lentejas **lentils**
el choucrut **sauerkraut**
la escorzonera / el salcifí negro
vipers grass
el apio **celery**
el nabicol **rutabaga**

la col blanca
white cabbage

la col rizada
savoy cabbage

Con salchichas los norteamericanos sirven **sauerkraut** (choucrut); se usa la misma palabra en alemán e inglés.

Hierbas y condimentos

la albahaca
basil

la salvia
sage

el eneldo
dill

el tomillo
thyme

el jengibre
ginger

la canela
cinnamon

la menta
mint

el vinagre **vinegar**

el estragón **tarragon**

las alcaparras **capers**

el perifollo **chervil**

el comino **caraway**

el orégano
oregano

las hojas de laurel **bay leaves**

la mejorana **marjoram**

el rábano picante **horseradish**

la nuez moscada **nutmeg**

el clavo de especia **clove**

el perejil
parsley

la pimienta **pepper**

el azafrán **saffron**

la sal **salt**

el cebollino **chive**

la mostaza **mustard**

la vainilla **vanilla**

el azúcar **sugar**

el romero
rosemary

Una comida sustanciosa es **a hearty meal**; una traducción literal de **hearty** es
saludable para el corazón.

Queso

el queso fresco
fresh cheese

el queso rallado
grated cheese

el queso de leche de oveja
sheep's milk cheese

el queso de leche de cabra
goat's milk cheese

Norteamérica no es necesariamente El Dorado para los que gozan del queso. La producción nacional se limita a los quesos duros. El queso preferido es el **cheddar**, el cual se ofrece en varios grados de maduración, sabor y color.

Fruta

la piña
pineapple

la manzana
apple

el albaricoque
apricot

el plátano
banana

las peras
pears

las zarzamoras
blackberries

las fresas
strawberries

La expresión **Something else?** significa *Desea Ud. algo más?*

Fruta

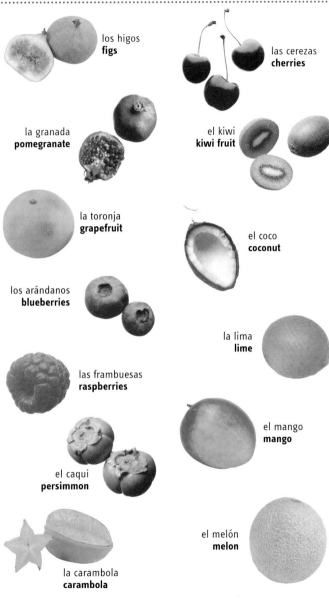

los higos
figs

las cerezas
cherries

la granada
pomegranate

el kiwi
kiwi fruit

la toronja
grapefruit

el coco
coconut

los arándanos
blueberries

la lima
lime

las frambuesas
raspberries

el mango
mango

el caqui
persimmon

la carambola
carambola

el melón
melon

You can't have your cake and eat it too quiere decir que no se puede tener el oro y el moro.

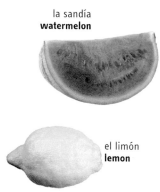

la sandía
watermelon

la naranja
orange

la papaya
papaya

el limón
lemon

el melocotón
peach

la ciruela
plum

el pomelo
pomelo

la uva
grape

los dátiles **dates**

las castañas **chestnuts**

los saúcos **elderberries**

las grosellas **currants**

el higo chumbo **cactus fruit**

el litchi **litchee**

la mandarina **tangerine**

las moras **mulberries**

la ciruela amarilla **mirabelle / yellow plum**

el níspero **medlar**

la pasionaria **passion fruit**

los arándanos agrios **cranberries**

el membrillo **quince**

el ruibarbo **rhubarb**

las pasas **raisins**

la grosella silvestre / la uva espina **gooseberry**

el tamarindo **tamarind**

La palabra **date** significa *dátil* y *cita*. En el mundo de los negocios, la palabra indicada para *cita* es **appointment**.

Nueces

 el cacahuate
peanut

 la pacana / la nuez lisa
pecan nut

la avellana
hazelnut

 los pistachos
pistachios

 el coco
coconut

las nueces
walnuts

la almendra
almond

las nueces del Brasil **Brazil nuts**

los piñones **pine nuts**

las semillas de girasol **sunflower seeds**

La palabra **nuts** tiene un papel también en los insultos: **You are nuts** significa *Estás loco*. Se usa también como exclamación: **Nuts!** *(¡Diablos!)*.

Tortas

la tarta de manzanas **apple flan / pie**

la tarta de queso fresco **cheesecake**

la tarta de arándanos **blueberry pie**

el pastel de zanahorias **carrot cake**

la tarta de cerezas **cherry pie**

el pastel de limón **lemon cake**

la tarta de fruta **fruit pie / tart**

la galleta **cookie**

el pastel de chocolate **chocolate cake**

el pastel de vainilla **vanilla cream pie**

la nata **cream**

Postres

el helado
ice cream

el helado mixto
assorted ice creams

el cucurucho
ice cream cone

la copa de helado
ice cream in a cup

helado de paleta
ice cream on a stick

el café helado
coffee with ice cream

el sabor
flavor

con nata
with cream

el flan de vainilla
vanilla pudding

el flan de almendras
almond pudding

el flan de chocolate
chocolate pudding

el flan de pan
bread pudding

En Norteamérica, **pie** (pastel) viene con relleno de fruta (manzana, melocotón, etc.); hay también **cake** (torta), muchas veces de chocolate o vainilla, con glaseado. Ambos se sirven principalmente de postre.

Además hay **cookies** (galletas) de todos tipos.

En inglés hay **jams** y **jellies** que son más o menos lo mismo; la jalea de naranja se llama **orange marmelade** o simplemente **marmelade**.

Bocadillos

¿Qué comen los norteamericnos entre las comidas principales? Naturalmente hay hamburguesas (**hamburgers**), con o sin queso, **hot dogs** y **pizza**.

Norteamérica es el país de la comida rápida por excelencia y ésta se ofrece en una gran variedad de establecimientos, sobre todo en las ciudades.

No hay escasez de restaurantes rápidos, sobre todo en los **shopping malls**. En los **delis** se ofrecen muchos fiambres que usted puede ordenar en un emparedado a su gusto. Además hay muchos restaurantes étnicos que sirven comida rápida (mexicanos, griegos, italianos, chinos, indios, etc.).

Pizza

Hace 200 años la pizza se conocía en Nápoles como una merienda barata. Su conquista del mundo empezó en 1895 cuando un napolitano que echaba de menos a su país abrió la primera pizzería en Nueva York. Hasta los años sesenta del siglo pasado, el resto de Italia conocía la pizza sólo de reputación.

No olvide la preposición **of** cuando pida una taza de café (**a cup of coffee**).

¿Qué se le ofrece?

una taza de café
a cup of coffee

una taza de té
a cup of tea

un vaso de jugo /
zumo de naranja
**a glass of orange
juice**

una botella de leche
a bottle of milk
  la leche caliente
  hot milk
  la leche fría
  cold milk

una lata de refresco
a can of soda

Café

el café **coffee**
con leche **with milk**

con azúcar **with sugar**
con crema **with cream**
capuchino **with foamed milk**
solo **black**
pequeño **small**
medio **medium**
grande **large**
el café descafeinado **decaffeinated
coffee**
el exprés **espresso**
el capuchino **cappuccino**
el moca **mocha**

Té

el té negro **black tea**
el té de menta **mint tea**
el té de hinojo **fennel tea**
el té de manzanilla **chamomile tea**
el té de fruta **fruit tea**
la tisana **herbal tea**
el té aromatizado **flavored tea**
el té no aromatizado **unflavored tea**
con limón **with lemon**

It's a piece of cake es, naturalmente, algo que se puede comer (literalmente,
Es una tajada de torta); pero significa también *Es pan comido.*

Refrescos

el agua mineral **mineral water**

con gas **carbonated**

sin gas **noncarbonated**

el jugo / zumo de fruta **fruit juice**

el jugo / zumo de manzana **apple juice**

el jugo / zumo de naranja **orange juice**

el jugo / zumo de tomate **tomato juice**

la limonada **soda / soft drink**

Para jovencitos

el cacao **cocoa**

la leche **milk**

el chocolate frío / caliente **cold / hot chocolate**

Cerveza

la cerveza **beer**

la cerveza de barril **on tap**

baja en alcohol **low alcohol**

sin alcohol **nonalcoholic**

la botella **bottle**

la lata **can**

Licores

sin hielo **without ice**

con hielo **with ice**

el vodka **vodka**

el whiski **whiskey**

el licor aromático **liqueur**

los licores **spirits**

Especialidades

Martini – la bebida clásica norte-americana: vermut seco con ginebra o vodka. Hay personas que prefieren que se agiten sus martinis en vez de revolverlos.

Margarita – tequila, Cointreau, y jugo de limón; se sirve con sal alrededor de la boca del vaso. Hay dos posibilidades: **on the rocks** (con hielo) o **frozen** (congelada).

Sparkling mineral water significa *agua mineral con gas.*

Vino y champán

¿Podría traerme la carta de vinos?
Can I please see the wine list?

el corcho
cork

el sacacorchos
corkscrew

Quisiera una botella de vino.
I would have like to have a bottle of wine.

¿Cuál va mejor con la comida?
Which will go best with the meal?

¿Es una cosecha buena?
Is this a good year?

¿Puedo probar el vino?
Can I taste the wine?

El vino sabe a corcho.
The wine is corky.

El vino no está frío.
The wine is not cold enough.

¿Podría enfriar el vino, por favor?
Can you please cool the wine?

el champanero
cooler

la zona vitivinícola **wine-growing area**

el vino rosado **rosé**

el vino tinto **red wine**

la viña **vineyard**

la vendimia **vintage**

la degustación del vino **wine tasting**

el vino blanco **white wine**

de mucho cuerpo **full-bodied**

suave **light**

afrutado **fruity**

seco **dry**

dulce **sweet**

A wine cooler no es lo que parece (un aparato para enfriar una botella de vino), sino una bebida fría a base de vino.

Regiones vitivinícolas

En Estados Unidos se ha desarrollado la viticultura hasta un nivel admirable, y los vinos estadounidenses se aprecian en muchos países.

Los vinos más conocidos son de California, donde las regiones vitivinícolas más importantes son Napa, Sonoma y Russian River. Las uvas principales son de los tipos Chardonnay blanco (de Borgoña; muchas veces los vinos son muy afrutados) y el Cabernet Sauvignon rojo (de Burdeos).

Los vinos Sauvignon Blanc y Zinfandel son menos corrientes. El Riesling no alcanza la misma calidad de los demás vinos californianos.

Gracias al estricto control de calidad ejercido en California, las parras son a veces aun mejores que las célebres parras de Burdeos, y los vinos son muy dignos de confianza. La tendencia hacia la industrialización ha sido inescapable en esta industria y existen críticas sobre la "fabricación en serie" de muchos vinos. No obstante, el vino norteamericano en general ha alcanzado una categoría muy respetable.

Se producen buenos vinos también en Oregon (principalmente Pinot Noir), en el estado de Washington (Cabernet, Merlot) y Idaho. Otros lugares que producen vinos aceptables son el estado de Nueva York, Texas y Virginia.

En Estados Unidos los vinos se producen principalmente de uvas de pura cepa. Las uvas son mucho más grandes y suntuosas que sus equivalentes europeos, lo cual puede producir un bouquet bastante fuerte—como es el caso del Chardonnay, el vino blanco preferido en este país.

Según la región, se puede comprar vinos en los supermercados, en los **liquor stores** y en las tiendas especializadas, sobre todo en las ciudades.

El vino es bastante barato en los restaurantes, por lo menos en comparación con muchos países europeos, y mucha es la gente que goza de una botella de vino con sus comidas.

Hay ciudades donde no se sirven bebidas alcohólicas. Allí las leyes prohíben la venta del alcohol, pero no el consumo, pues se puede comprar una botella de vino y llevarla al restaurante.

Se puede expresar desagrado de manera cortés diciendo I **was disappointed** (en vez de I **was not satisfied**).

¿Qué es lo más importante?

¿Tiene cepillos de dientes?
Do you have toothbrushes?

¿Dónde hay una zapatería?
Where do I find a shoe store?

los horarios de apertura
working hours / open hours

cerrado
closed

Sólo quiero echar un vistazo.
I would just like to look around.

¿Cuánto cuesta?
How much does that cost?

Es demasiado caro.
That is too expensive.

¿Tiene algo más barato?
Do you have something cheaper?

¿Puedo probarme los zapatos?
Can I try on the shoes?

Es demasiado grande.
That is too big.

Es demasiado pequeño.
That is too small.

¿Olvidó algo?

el cepillo para el cabello
hairbrush

la ropa interior
underwear

el peine
comb

el cepillo de dientes
toothbrush

la tirita
band-aid

la toalla
towel

el jabón
soap

el pijama
pajamas

los cordones de zapatos
shoelaces

la protección solar
sunblock

la pasta dentífrica
toothpaste

I would like to look around (Quisiera echar un vistazo) es una oración bastante larga; por eso, muchos norteamericanos dicen simplement **Just looking**.

¿Le están atendiendo?
Have you already been served / waited on?

Gracias, estoy echando un vistazo.
Thanks, I'm just looking around.

¿En qué puedo servirle?
Can I help you?

Quisiera unos pantalones.
Yes, I would like a pair of pants.

Éstos están a precio de oferta.
Here, these are on sale.

¿Qué talla son?
Which size is that?

Son talla 38.
That is size 38.

Creo que me van a quedar chicos.
Ah, I think that is too small.

¿Desea probárselos?
Would you like to try it on?

Sí. ¿Dónde están los probadores?
Yes. Where are the changing rooms?

En Estados Unidos, si Ud. no está satisfecho con un producto puede pedir que se devuelva su dinero. Naturalmente hay que presentar el recibo.

Frecuentemente necesario

Gracias, es todo.
Thanks, that is all.

Quisiera medio kilo de cerezas.
I would like to have a pound of cherries.

¿Tiene cepillos de dientes?
Do you have toothbrushes?

¿Dónde están las corbatas?
Where are your neckties?

¿Qué me recomienda?
What can you recommend?

¿Hay alguna oferta especial?
Do you have any special offers?

He visto un par de zapatos en el escaparate.
I have seen a pair of shoes in the display window.

No quiero gastar más de 60 dólares.
I don't want to spend more than 60 dollars.

Me gustan.
I like them.

Estos no me gustan.
I don't like them.

Estos no son exactamente lo que estoy buscando.
They are not exactly what I want.

¿Podría enseñarme otro modelo?
Can you show me something else?

¿Cuánto cuesta?
How much does it cost?

¿Dónde está la caja?
Where is the cashier?

¿Me da un recibo, por favor?
I would like a receipt.

¿Me lo envuelve?
Can you wrap it for me?

¿Podría mandármelo al hotel?
Can you deliver that to the hotel?

¿También manda la mercancía al extranjero?
Do you deliver to foreign countries too?

¿Podría cambiármelo?
I would like to exchange this.

Quiero hacer una reclamación.
I would like to make a complaint.

El producto está defectuoso.
The product is defective.

Quisiera que me devolviera el dinero.
I would like my money back.

Me los llevo.
I'll take them.

¿Me da una bolsa?
Could you give me a shopping bag?

Hay varias expresiones que se pueden usar para describir un producto defectuoso: **faulty, defective, flawed, it has imperfections**, etc.

Lo que escucha o lee

Can I help you?
¿En qué puedo ayudarle?

Have you already been served / waited on?
¿Ya le están atendiendo?

What would you like?
¿Qué desea?

What is your size?
¿Cuál es su talla?

Sale
La liquidación / las rebajas

Will there be something else?
¿Desea algo más?

We don't have that, unfortunately.
Lo siento, eso no lo tenemos.

That will be 12 dollars.
Son 12 dólares.

Are you paying in cash or by credit card?
¿Paga en efectivo o con tarjeta de crédito?

Which ones would you like?
¿Cuáles desea?

En una tienda de departamentos

el departamento
department

el ascensor
elevator

la entrada
entrance

la caja
cash register / cashier

el servicio de atención al cliente
customer service

la salida de emergencia
emergency exit

la escalera mecánica
escalator

el piso
floor

los servicios higiénicos
toilets

las escaleras
stairways

la salida
exit

En Inglaterra el ascensor es **the lift**; en Estados Unidos es **the elevator**.

Tipos de tienda

la tienda de regalos **souvenir shop**

la tienda de antigüedades **antique store**

la farmacia **drugstore / pharmacy**

la panadería **bakery**

la floristería **florist**

la librería **bookshop**

la tienda de informática **computer store**

la tienda gastronómica **gourmet store**

el centro comercial **shopping center**

la tienda **store**

la ferretería **hardware**

la tienda de productos eléctricos **electrical appliances store**

la tienda de bicicletas **bicycle shop**

la rotisería / la fiambrería **delicatessen**

la pescadería **fish store**

el rastro **flea market**

la tienda de fotografía **photo store**

la peluquería **hairdresser shop / barber shop**

la verdulería **fresh produce stand**

los artículos domésticos **household merchandise**

la joyería **jewelry store**

la tienda por departamentos **department store**

la tienda de ropa **clothing store**

la pastelería **pastry shop**

el salón de belleza **cosmetics store**

la galería de arte **art gallery**

la tienda de objetos artísticos **arts and crafts**

la tienda de artículos baratos **dime store**

la tienda de comestibles **grocery store**

los artículos de cuero **leather goods**

el mercado **market**

la carnicería **butcher shop**

la lechería **creamery / dairy**

la mueblería **furniture store**

la tienda de música **music store**

la frutería **fruit stand**

la óptica **eyewear store**

la perfumería **perfumery**

la peletería **fur store**

la casa de empeño **pawnshop**

la tienda de alimentos naturales **health food store**

la tintorería **dry cleaners**

la agencia de viajes **travel agency**

la tienda de electrodomésticos **appliance store**

la sastrería **tailor shop**

la papelería **stationery store**

la zapatería **shoe store**

el zapatero **shoemaker**

la juguetería **toy store**

la licorería **liquor store**

la tienda de artículos de deporte **sporting goods store**

la tienda de telas **fabric store**

el supermercado **supermarket**

la confitería **candy store**

la tabaquería / el estanco **tobacco store**

la tienda de animales **pet shop**

la agencia de automóviles **car dealership**

la arrendataria de automóviles **car rental agency**

la lavandería **laundromat**

la tienda de vinos **wine store**

el quiosco **newsstand**

Los dulces son **candies** o **sweets**, palabras que aparecen en la sección de la tienda donde se venden.

Colores

 negro
black

 verde
green

blanco
white

azul
blue

gris
gray

rosa
pink

rojo
red

anaranjado
orange

amarillo
yellow

lila
purple

Diseños

de colores
colored / colorful

a cuadros
checkered

mezclado
mottled

con dibujos
printed / patterned

con motas
knobby

claro
light

oscuro
dark

con mucho contraste
high-contrast

con poco contraste
low-contrast

mate
matte / dull

brillante
glossy / shiny

a lunares
polka-dotted

 con rayas verticales
vertically striped

 con rayas horizontales
horizontally striped

 en blanco y negro
black-and-white

Dull significa no sólo *mate*, sino también *aburrido*.

En el mercado

¡Cerezas, hay cerezas buenísimas!
Cherries, beautiful cherries!

Tienen buena pinta.
They look nice.

¿Quiere probarlas?
Would you like a taste?

Mm, están riquísimas. Deme medio kilo, por favor.
Mmm, delicious. Give me one pound, please.

¿Qué es eso?
What is that?

Es escorzonera.
Viper's grass.

¿Qué se hace con ella?
How do you eat it?

Se cocina como verdura.
You cook it like a vegetable.

A bargain es *una ganga*; to bargain o to haggle significa *regatear*.

Alimento

la cerveza
beer

los pasteles
pastries / baked goods

el pan
bread

las verduras
vegetables

el panecillo
roll

el café
coffee

el helado
ice cream

el queso
cheese

el pescado
fish

las conservas
canned food

la carne
meat

los mariscos
seafood

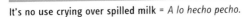

It's no use crying over spilled milk = *A lo hecho pecho.*

los alimentos naturales **organic food**

la mantequilla **butter**

el vinagre **vinegar**

las bebidas **beverages**

los condimentos **spices**

la sémola **semolina**

la miel **honey**

la torta / el pastel / el bizcocho **cake**

la margarina **margarine**

la mermelada **jam**

la mayonesa **mayonnaise**

la harina **flour**

los productos lácteos **milk products / dairy products**

el aceite **oil**

los bombones de chocolate **chocolate bonbons**

el requesón **curd**

el arroz **rice**

la sal **salt**

la nata ácida **sour cream**

la crema batida **whipped cream**

el chocolate **chocolate**

la mostaza **mustard**

los dulces **candies**

el yogur **yogurt**

el azúcar **sugar**

las nueces
nuts

la fruta
fruit

la ensalada
salad

el té
tea

→ DE LAGOS Y OCÉANOS, p. 117; TIPOS DE CARNE, p.118; AVES DE CORRAL, p. 120; VERDURAS, p. 122; FRUTA, p. 127; NUECES, p. 130

el vino
wine

la pasta
noodles

los embutidos
sausages

You shouldn't bite off more than you can chew significa *Quién mucho abarca, poco aprieta.* (No se debe morder más de lo que se puede masticar.)

la cesta de compras
shopping basket

el carro de compras
shopping cart

la bolsa de compras
shopping bag

Cantidades

100 gramos
100 grams

medio kilo
a pound

un kilo
a kilo

un pedazo
a piece

una rebanada
a slice

un litro
a liter

un paquete
a packet

una botella
a bottle

una lata
a can

un vaso
a glassful / a glass of ...

Conversaciones de compras

Quiero mantequilla.
I would like to have some butter.

¿También hay harina?
Do you have flour, too?

Un poco más, por favor.
A bit more, please.

¿Puedo probarlo?
Can I taste it?

¿No importa si es un poco más?
Is it OK if it's a little over?

¿Desea algo más?
Anything else?

No gracias, es todo.
Thanks, that is all.

Otra manera de decir *Es todo* es **That's it** o **That'll do it.**

Artículos de tocador

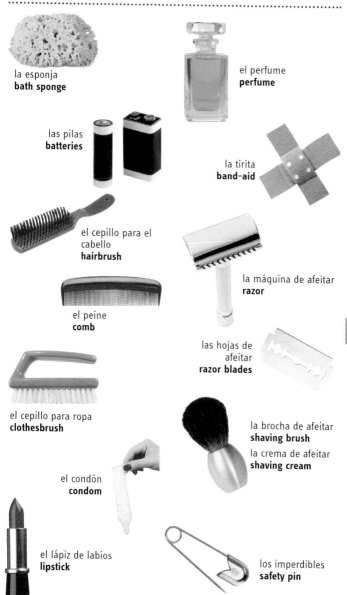

la esponja
bath sponge

el perfume
perfume

las pilas
batteries

la tirita
band-aid

el cepillo para el cabello
hairbrush

la máquina de afeitar
razor

el peine
comb

las hojas de afeitar
razor blades

el cepillo para ropa
clothesbrush

la brocha de afeitar
shaving brush

la crema de afeitar
shaving cream

el condón
condom

el lápiz de labios
lipstick

los imperdibles
safety pin

En inglés se dice **I'm sound as a bell** o **I'm fit as a fiddle** para indicar que se está rebosante de salud.

Artículos de tocador

la sombra de ojos **eye shadow**

el agua dentífrica **mouthwash**

la lima para uñas **nail file**

el esmalte de uñas **nail polish**

el quitaesmalte **nail polish remover**

las tijeras para las uñas **nail scissors**

la loción para el sol **suntan lotion**

el espejo **mirror**

los fósforos / las cerillas **matches**

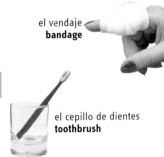

el vendaje **bandage**

el cepillo de dientes **toothbrush**

el corrector **concealer**

el lápiz de cejas **eyebrow pencil**

la toallita sanitaria **sanitary napkin**

el desodorante **deodorant**

el desinfectante **disinfectant**

el quitamanchas **stain remover**

el champú **shampoo**

la crema para las manos **hand cream**

el insecticida **insecticide**

la crema para el cuerpo **body lotion**

el pañuelo de papel **tissue / kleenex**

las pinzas **tweezers**

los polvos de maquillaje **powder**

los productos de limpieza **cleaners / cleaning products**

el colorete **rouge**

la esponja **sponge**

el jabón **soap**

el cepillo para fregar **scrubbing brush**

el detergente **dishwashing liquid**

los tampones **tampons**

los pañuelos **handkerchiefs**

el papel higiénico **toilet paper**

el guante para la ducha **face cloth**

el detergente para la lavadora **laundry detergent**

el algodón hidrófilo **absorbent cotton**

el rímel **mascara**

la pasta dentífrica **toothpaste**

la seda dental **dental floss**

Kleenex es una marca comercial, pero se conoce tan universalmente que se acepta como el término general para significar *pañuelo de papel.*

Para niños y bebés

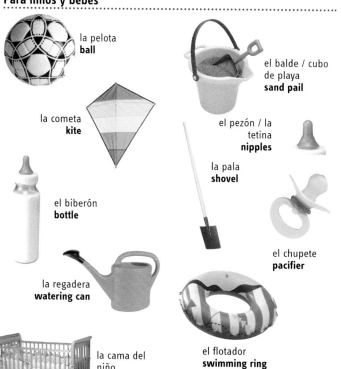

la pelota
ball

la cometa
kite

el biberón
bottle

la regadera
watering can

el balde / cubo
de playa
sand pail

el pezón / la
tetina
nipples

la pala
shovel

el chupete
pacifier

el flotador
swimming ring

el juguete
toy

la cama del
niño
child's bed

el globo
balloon

la cuna de
viaje
travelling bed

la crema para bebés **baby cream**

el traje de baño / el bañador
swimsuit

el alimento para bebé **infant food /
baby food**

las nadaderas **water wings**

las gafas de buceo **swimming
goggles / diving goggles**

los pañales **diapers**

Un sinónimo de **diapers** (pañales) es **pampers** (de la marca registrada **Pampers**).

Tabacos

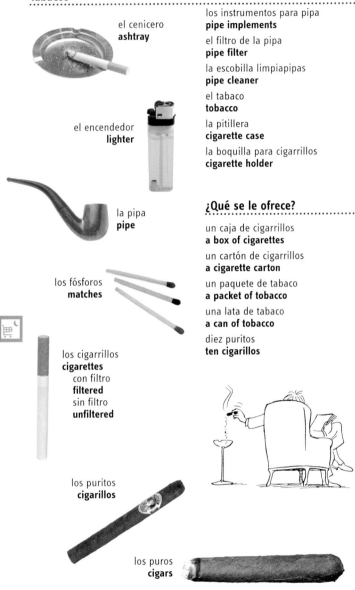

el cenicero
ashtray

el encendedor
lighter

la pipa
pipe

los fósforos
matches

los cigarrillos
cigarettes
  con filtro
  filtered
  sin filtro
  unfiltered

los puritos
cigarillos

los puros
cigars

los instrumentos para pipa
pipe implements

el filtro de la pipa
pipe filter

la escobilla limpiapipas
pipe cleaner

el tabaco
tobacco

la pitillera
cigarette case

la boquilla para cigarrillos
cigarette holder

¿Qué se le ofrece?

un caja de cigarrillos
a box of cigarettes

un cartón de cigarrillos
a cigarette carton

un paquete de tabaco
a packet of tobacco

una lata de tabaco
a can of tobacco

diez puritos
ten cigarillos

Where there's smoke there's **fire**–*Donde hay humo hay fuego.* Cuando se esfuma algo, se dice **It goes up in smoke** (la esperanza, un proyecto, etc.).

Ropa

Busco una falda.
I am looking for a skirt.

Busco algo que haga juego con esto.
I am looking for something to go with it.

¿Puedo probármelo?
Can I try that on?

Me lo llevo.
I'll take that.

No me gusta.
I don't like that.

El color no me gusta.
I don't like the color.

¿Dónde está el probador?
Where is the changing room? / dressing room?

¿Tiene un espejo?
Do you have a mirror?

Las mangas están demasiado largas.
The sleeves are too long.

¿Podría arreglarlas, por favor?
Can you alter them?

¿Cuánto tiempo tarda en arreglarlas?
How long will the alteration take?

Lo que usted oye

What is your size?
¿Cuál es su talla?

Would you like to try it on?
¿Quiere probárselo?

Should we alter it?
¿Quiere que se lo arreglemos?

Which color?
¿De qué color?

Medidas

Mi talla es 38. **I wear size 38.**

pequeña **small**

media **medium**

grande **large**

muy grande **extra large**

¿Tiene algo más grande / pequeño?
Do you have a larger / smaller one?

Me queda bien. **That fits well.**

No me queda bien. **That doesn't fit.**

Está demasiado ... **That is too ...**
    pequeño. **small.**
    grande. **big.**
    ceñido. **tight / narrow.**
    holgado. **loose / wide.**
    corto. **short.**
    largo. **long.**

La palabra **tight** describe una prenda de vestir apretada.

Ropa

el traje de baño / el bañador
swimsuit

el sombrero
hat

el traje de baño / el bañador
trunks

la corbata
tie

el bikini
bikini

el gorro
cap

la corbata de lazo
bowtie

la bufanda
scarf

los guantes
gloves

la gorra
baseball cap

Conversión de medidas

Ropa de hombre		Ropa de mujer		Camisas de hombre	
Europa	**EUA**	**Europa**	**EUA**	**Europa**	**EUA**
46	36	38	10	36	14
48	38	40	12	37	14 ½
50	40	42	14	38	15
52	42	44	16	39/40	15 ½
54	44	46	18	41	16
56	46	48	20	42	16 ½
58	48			43	17
60	50			44	17 ½
				45	18

En las etiquetas de las prendas de vestir se usan las abreviaturas **S (small)**, **M (medium)**, **L (large)** y **XL (extra large)**.

el paraguas
umbrella

el pañuelo
handkerchief

los calcetines
socks

los calzoncillos
underpants

el anorak / la parka **hooded jacket / windbreaker / parka**

el traje **suit**

el albornoz **bathrobe**

el blazer **blazer**

la blusa **blouse**

el sostén **brassiere / bra**

el cinturón **belt**

la bufanda **scarf**

la camisa **shirt**

los pantalones **pants**

los tirantes **suspenders**

la chaqueta deportiva **sports jacket**

la chaqueta **jacket**

el vestido **dress**

el traje **outfit**

el abrigo **coat**

la bata **housecoat**

el camisón **nightshirt**

el suéter / el jersey **sweater / pullover**

el impermeable **raincoat**

la falda **skirt**

el pijama **pajamas**

el delantal **apron**

el pantalón corto **shorts**

las bragas **panties**

las medias **stockings**

las medias de malla **tights**

la camiseta **t-shirt**

la camiseta **undershirt**

las enaguas **slip / petticoat**

el chaleco **waistcoat**

La palabra **outfit** significa un conjunto de prendas que combinan bien.

Costura

el dedal
thimble

el botón
button

la cinta métrica
measuring tape

la aguja de coser
sewing needle

la cremallera
zipper

el imperdible
safety pin

las mangas **sleeve**
el hilo **thread**
el elástico **elastic**
el cuello **collar**
los puños **cuffs**
el alfiler **pin**

Telas

¿De qué material está hecho?
What material is this made from?

Quisiera algo de algodón.
I would like something in cotton.

¿Se puede lavar en la lavadora?
Is that machine-washable?

¿Se puede secar en la secadora?
Can one put this in the dryer?

¿Encoge al lavarlo?
Does that shrink when washed?

no necesita plancha
wrinkle-free / no ironing

el forro
lining

la batista **cambric / batiste**
el algodón **cotton**
la pana **corduroy**
el fieltro **felt**
la franela **flannel**
la tela de toalla **terrycloth**
de lana peinada **worsted**
el crespón / el crepé **crepe**
la fibra sintética **synthetic fiber**
el cuero / la piel **leather**
el lino **linen**
la microfibra **microfiber**
la popelina **poplin**
el terciopelo **velvet**
el raso **satin**
la seda **silk**
la lana **wool**

Un **slip** es una enagua; además significa *resbalón*.

Artículos de cuero

los guantes
gloves

el bolso
handbag

la maleta
suitcase

la bolsa de viaje
tote bag

Limpieza en seco y lavado

Me puede lavar esta prenda, por favor.
Please clean this garment.

¿Qué tipo de limpieza me recomienda?
Which type of cleaning do you recommend?

Quiero ...
I would like ...
   la limpieza en seco.
   dry-cleaning.
   limpieza delicada.
   gentle cleaning.
   limpieza completa.
   thorough cleaning.

¿Cuánto cuesta?
How much will that be?

¿Cuánto tiempo tardará?
How long will it take?

¿Cuándo puedo venir a recogerlo?
When can I pick it up again?

¿Podría enviarme la prenda?
Can you send me the garment?

Aquí tiene mi dirección.
Here is my address.

el maletín **briefcase**
la cartera **wallet / billfold**
el monedero **purse**
el cinturón **belt**
el cuero / la piel sintética **artificial leather**
la chaqueta de cuero **leather jacket**
el abrigo de cuero **leather coat**
la bolsa en bandolera **shoulder bag**
la gamuza **suede**

la lavadora **washing machine**
la secadora **dryer**
la centrifugadora **spin-dryer**
las monedas **coins**
enjuagar **rinse**
centrifugar **spin-dry**
lavar a alta temperatura **hot wash**
el programa para lavado de ropa delicada **delicate / gentle wash**
el programa con centrifugado **spin-dry**
la ropa de color **colored laundry**
la ropa blanca **white laundry**

Otra etiqueta que se encuentra en las prendas de vestir es **unshrinkable** (no encogible).

Zapatos

Calzo el 7.
I wear size 7.

Los zapatos me aprietan.
The shoes pinch.

Los zapatos están ...
The shoes are ...
  demasiado estrechos.
  too narrow.
  demasiado anchos.
  too wide.
  demasiado pequeños.
  too small.
  demasiado grandes.
  too big.

Zapatos de ...
Shoes with a...
  tacón bajo.
  flat heel.
  tacón alto.
  high heel.

¿Puede ponerle suelas nuevas a los zapatos?
Can you resole the shoes?

Necesito tapillas nuevas.
I need new heels.

¿Cuándo estarán listos los zapatos?
When will the shoes be ready?

el tacón **heel**
las chanclas **bath slippers**
las botas de goma **rubber boots**
las zapatillas **slippers**

los zapatos para niños **children's shoes**
las sandalias **sandals**
el cordón **shoelace**
el cepillo para zapatos **shoe brush**
la crema para zapatos **shoe cream / shoe polish**
los zapatos **shoes**
la suela **sole**
la bota **boot**
el zapato de deporte **track shoe**
la suela de cuero **leather sole**
la suela de goma **rubber sole**
los zapatos de excursión **walking shoes / hiking boots**

¿Dónde molesta el zapato?

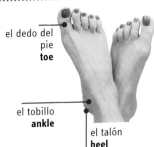

el dedo del pie **toe**

el tobillo **ankle**

el talón **heel**

Conversión de medidas

Zapatos de hombre		Zapatos de mujer	
Europa	EUA	Europa	EUA
39	6 1/2	36	5 1/2
40	7 1/2	37	6
41	8 1/2	38	7
42	9	39	7 1/2
43	10	40	8 1/2
44	10 1/2	41	9
45	11		
46	11 1/2		

Heel significa *talón* y *tacón*. **To cool one's heels** significa *Esperar con impaciencia*.

En la tienda de artículos deportivos

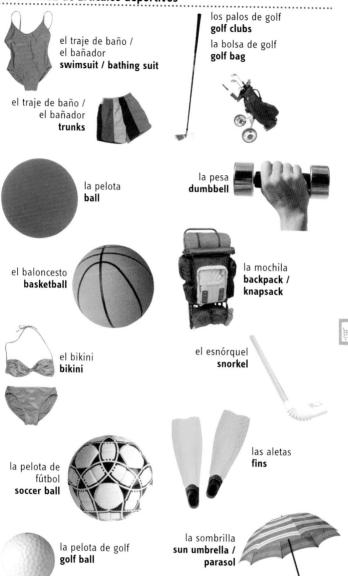

el traje de baño /
el bañador
swimsuit / bathing suit

el traje de baño /
el bañador
trunks

los palos de golf
golf clubs

la bolsa de golf
golf bag

la pelota
ball

la pesa
dumbbell

el baloncesto
basketball

la mochila
**backpack /
knapsack**

el bikini
bikini

el esnórquel
snorkel

la pelota de
fútbol
soccer ball

las aletas
fins

la pelota de golf
golf ball

la sombrilla
**sun umbrella /
parasol**

En inglés la palabra para *fútbol* es **soccer**. El término **football** siempre indica el *fútbol norteamericano*.

En la tienda de artículos deportivos

las gafas de buceo
diving goggles / diving mask

la caña de pescar
fishing rod

el gorro de baño
bathing cap

los zapatos de montaña
hiking boots / climbing boots

el volante
shuttlecock

los raquetas de bádminton
badminton rackets

los patines en línea
inline skates / rollerblades

la colchoneta aislante
thermal mattress

el colchón neumático
air mattress

el saco de dormir
sleeping bag

los patines de hielo
ice skates

las nadaderas
water wings

la plancha de patín
skateboard

los zapatos de tenis
tennis shoes / sneakers

las zapatillas / los zapatos de deporte
track shoes / sneakers

el anorak / la parka
hooded jacket / windbreaker / parka

la pelota de tenis
tennis ball

la raqueta de tenis
tennis racket

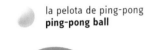

la pelota de ping-pong
ping-pong ball

la raqueta de ping-pong
ping-pong paddle

los zapatos de excursión
walking shoes / hiking shoes

→ DISTINTOS DEPORTES, p. 179; EN LA PLAYA, p. 183; DEPORTES ACUÁTICOS, p. 86; BUCEO, p. 187; CAMINATAS Y ALPINISMO, p. 191

Dos traducciones de *zapatillas de deporte* son **gym shoes** (de las palabras **gymnastics** o **gymnasium**) y **sneakers**.

Artículos caseros

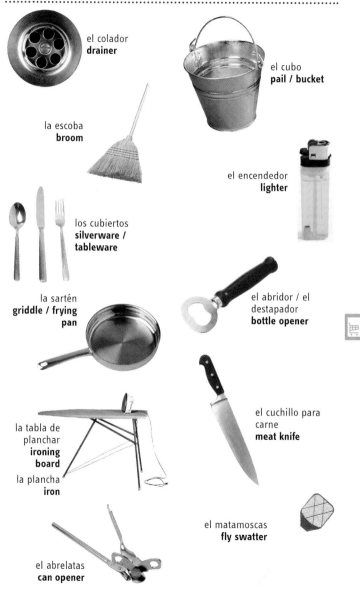

el colador
drainer

el cubo
pail / bucket

la escoba
broom

el encendedor
lighter

los cubiertos
silverware / tableware

la sartén
griddle / frying pan

el abridor / el destapador
bottle opener

la tabla de planchar
ironing board

la plancha
iron

el cuchillo para carne
meat knife

el matamoscas
fly swatter

el abrelatas
can opener

Un balde es **a bucket**; un basurero es **a wastebasket** o **a trashcan**.

Artículos caseros

 el secador de cabello
hair dryer

 la escobilla
brush

 la vajilla
dishes
el escurreplatos
dishrack

el molinillo de café
coffee grinder / coffee mill

 la jarra
jug / pitcher

 la regadera
watering can

la pala
dustpan

el vaso / la copa
glass

 la vela
candle

la bombilla
light bulb

el candelero
candlestick

Cuidado con **dish** y **dishes**. En singular significa *plato con comida*. **To do the dishes** es *Lavar los platos*.

la cadena
chain

la escalera de mano
ladder

el cepillo para lavar
washing brush

el imán
magnet

la cacerola
**saucepan /
pot**

el cuchillo
knife

el sacacorchos
corkscrew

el cazo de
leche
**creamer /
milk jug**

la esponja de platos
kitchen sponge

la lámpara de
petróleo
**kerosene lamp /
hurricane lamp**

la nevera
insulated box

el trapo para
limpiar
cleaning rag

To paint the town red es una expresión idiomática que significa *irse de juerga*.

Artículos caseros

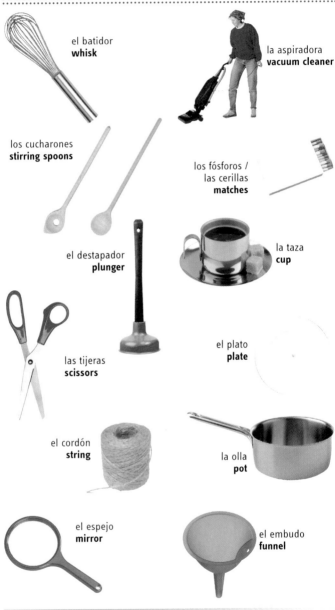

el batidor
whisk

la aspiradora
vacuum cleaner

los cucharones
stirring spoons

los fósforos /
las cerillas
matches

el destapador
plunger

la taza
cup

las tijeras
scissors

el plato
plate

el cordón
string

la olla
pot

el espejo
mirror

el embudo
funnel

It fits you to a T = *Te viene a maravilla / Te viene como anillo al dedo.*

el candado
padlock

la manguera
hose

la báscula
scales

el rodillo
rolling pin

la bolsa de agua
caliente
**hot water bottle /
bed warmer**

el exprimidor
**lemon
squeezer**

la pinza de ropa
clothespin

la bolsa de basura **trash bag**

el papel de aluminio **aluminum foil**

el vaso **cup**

el cordel / el bramante **twine**

la película transparente **plastic wrap**

las servilletas de papel **paper napkins**

la bolsa de plástico **plastic bag**

el cepillo para fregar **scrubbing brush**

la linterna **flashlight**

la navaja **pocket knife / jacknife**

el calentador de inmersión **immersion heater**

el termo **thermos**

el ventilador **fan / ventilator**

el tendedero **clothesrack**

la cesta de ropa
laundry basket

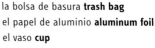

la cuerda para ropa
clothesline

A hose es una *manguera*; **an iner tube** es *una cámara dentro de una llanta de bicicleta o carro.*

Herramientas

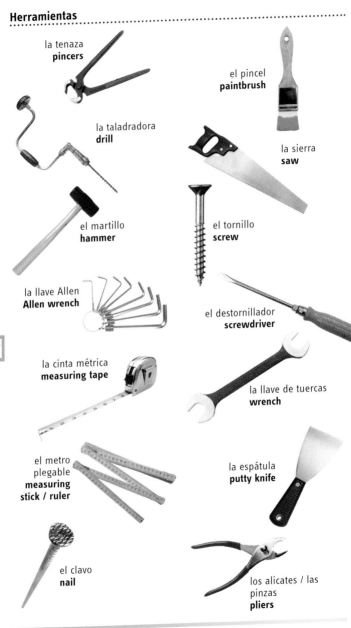

la tenaza
pincers

la taladradora
drill

el pincel
paintbrush

la sierra
saw

el martillo
hammer

el tornillo
screw

la llave Allen
Allen wrench

el destornillador
screwdriver

la cinta métrica
measuring tape

la llave de tuercas
wrench

el metro
plegable
**measuring
stick / ruler**

la espátula
putty knife

el clavo
nail

los alicates / las
pinzas
pliers

To fly off the handle = *Perder los estribos.*

Equipo de campamento

la parrilla
grill

la nevera
cooler

la tumbona
deck chair

la bomba de aire
air pump

la lámpara de
petróleo
**kerosene lamp /
hurricane lamp**

el cordón
string

el gas butano
butane gas

el hornillo de gas
gas stove

la hamaca
hammock

la estaca
tent peg

el carbón
charcoal

la silla plegable
folding chair

la mesa plegable
folding table

el colchón neumático
air mattress

el mosquitero
mosquito net

el gas propano
propane

el saco de dormir
sleeping bag

el bidón de agua
water jug

la tienda
tent

el palo de tienda
tent pole

→ EN EL CAMPAMENTO, p. 100

Por lo común se puede comprar hielo en cubos o en bloques.

La librería

¿Dónde hay una librería? **Where can I find a bookstore?**

¿Tiene también libros en inglés? **Do you also have books in English?**

Busco una novela. **I am looking for a novel.**

las tarjetas postales **postcards**

el libro de fotografías **illustrated book / coffee-table book**

el libro ilustrado **picture book**

las estampillas / los sellos **stamps**

el papel de cartas **stationery / writing paper**

el libro técnico **technical book**

el papel de regalo **wrapping paper / gift wrap**

el libro infantil **children's book**

el libro de cocina **cookbook**

la novela policíaca **mystery / detective novel**

el mapa **map**

la novela corta **short novel / novella**

la guía **guidebook**

el libro de documentación **nonfiction**

la ciencia ficción **science fiction**

el mapa de la ciudad **map of the city**

el diccionario **dictionary**

la revista **magazine**

el diario / el periódico **newspaper**

el calendario **calendar**

Artículos de escritorio

el lápiz
pencil

los sujetapapeles
paper clips

el lápiz de color
colored pencil

la pluma fuente
fountain pen

la regla
ruler

el bloc de notas
notepad

Una novela puede ser **a novel** o **a romance**; el segundo tipo no tiene mucho valor literario y es sólo para entretenimiento.

el cuaderno
notebook

el bramante / el cordel
twine

el sacapuntas
pencil sharpener

las etiquetas
labels

el rotulador
felt tip pen

las grapas
paper clips

las chinches
thumbtacks

el pegamento
glue

el bolígrafo
ballpoint pen

la goma de borrar
eraser

el papel de cartas
stationery

los artículos de papelería
stationery / office supplies

la cinta adhesiva
adhesive tape

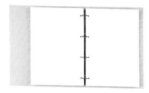

el cuaderno de anillos
loose-leaf notebook

las tijeras
scissors

la calculadora de bolsillo
pocket calculator

el cordón
string

los naipes
playing cards

la tinta
ink

La cuerda puede ser **the string** o **the cord**.

Pintura

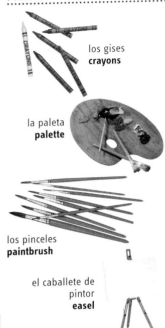

los gises
crayons

la paleta
palette

los pinceles
paintbrush

el caballete de
pintor
easel

las acuarelas **watercolors**

el papel para acuarela **watercolor paper**

el fijador **fixative**

el marco del lienzo **canvas stretcher / frame**

el carboncillo **charcoal pencil**

la tiza **chalk**

el lienzo **canvas**

el gis o tiza para pintar **watercolor crayons / chalk**

la pintura al óleo **oil paint**

el pastel al óleo **oil pastel**

el pastel **pastel**

la acuarela **watercolor**

el bloc de dibujo **sketch pad**

En la tienda de fotografía

Busco ...
I am looking for a ...
    una cámara réflex.
    reflex camera.
    una cámara de 35 mm.
    35-mm camera.
    una cámara digital.
    digital camera.
    una cámara panorámica.
    wide-angle / panorama camera.

No quiero gastar más de 200 dólares.
I would like to spend about 200 dollars.

¿La garantía es válida a nivel internacional?
Is the guarantee valid internationally?

Necesito fotos de pasaporte.
I need passport pictures.

¿Qué es lo que se rompió?

La cámara no funciona bien.
Something is wrong with my camera.

La película está trabada.
The film is jammed.

¿Puede repararlo?
Can you repair it?

¿Cuánto me costará?
How much will it cost?

¿Cuánto tardará en repararlo?
How long will it take?

el exposímetro
exposure meter / light meter

el telémetro
distance meter

el obturador
shutter

Las apariencias pueden engañar. Por eso, **You can't judge a book by its cover** = *No te dejes llevar por las apariencias.*

Accesorios

la película
film

el lente / el
objetivo
lens

la pila / la batería
battery

el flash
flash

la bolsa para el equipo de fotografía
camera bag

retardador de disparo
automatic shutter release / self-timer

el parasol
lens shade

el trípode
tripod

el teleobjetivo
telephoto lens

el filtro de rayos UV
uv-filter

el objetivo gran angular
wide-angle lens

el zoom / el objetivo de distancia
focal variable
zoom lens

Película

Necesito una ...
I would like ...
   película en blanco y negro.
   black and white film.
   película en colores.
   color-negative film.
   película para diapositivas.
   slide film / transparency film.

de 100 / 200 / 400 ASA.
100 / 200 / 400 ASA.

de 36 fotografías.
36 exposures.

la película para luz natural
daylight film

la película para luz artificial
artificial light film

¿Podría cargarme la cámara?
Can you put the film into the camera?

el revelado
developing

la copia
printing

el formato
format

el marco para diapositivas
slide frames

La palabra **copy** significa un duplicado (una fotocopia, por ejemplo); también es un ejemplar de un libro.

Revelado de película

Revele esta película,
por favor.
**Please develop this
film.**

¿Quiere también
una copia de cada
foto?
**Do you also want a
print of each
picture?**

Sí, en tamaño
10 por 15.
**Yes, size 4
by 6.**

¿De alto brillo o mate?
Glossy or matte?

De alto brillo. ¿Cuándo
puedo pasar a recoger las
fotografías?
**Glossy. When can I pick
up the pictures?**

Pasado mañana.
The day after tomorrow.

El formato de las fotos es **format** o **size** (en pulgadas).

Videocámaras

Videograbadoras, DVD

Quiero comprar una cámara de vídeo.
I would like to buy a video camera.

Que no cueste más de 300 dólares.
It should not cost more than 300 dollars.

¿La cámara tiene garantía a nivel internacional?
Does the camera have a worldwide warranty?

el VCR / la videograbadora
VCR

¿Es un modelo discontinuado?
Is this a discontinued model?

¿Es el modelo más actual de la compañía?
Is this the most current model from this company?

Para mi videocámara quisiera ...
For my videocamera I would like ...
　una película adecuada.
　film.
　baterías.
　batteries.
　un cargador.
　a charger.
　una luz halógena.
　a halogen light.

el videocasete
videocassette

el lector DVD
DVD player

¿También hay cassettes para el sistema PAL?
Do you have cassettes for the PAL system too?

¿Es posible cambiar el voltaje a 220 voltios?
Can it also run on 220 volts?

¿O necesito un transformador?
Or do I need a transformer for it?

When in Rome, do as the Romans do–*Donde fueres, haz lo que vieres.*

Artículos eléctricos

el adaptador
adapter

el enchufe
plug

la batería
battery

el despertador
alarm clock

la máquina de afeitar
razor

la linterna
flashlight

el cordón prolongador
extension cord

la plancha
iron

el secador de
pelo
hair dryer

la bombilla
light bulb

el fusible
fuse

la toma de corriente
socket

An extension cord es *una extensión eléctrica.*

Estéreo

el lector
portátil de CD
CD player

el control remoto / el
mando a distancia
remote control

los
auriculares
headphones

los parlantes / los
altavoces
speakers

la grabadora / lectora de MP3
MP3 recorder / player

el lector DVD
DVD player

el equipo estéreo
stereo system

la grabadora de casete
cassette recorder

los componentes del sistema
system components

la radio
radio

la grabación digital
digital recording

el amplificador-sintonizador
tuner-amplifier

Computadora

la pantalla
screen

el teclado
keyboard

la memoria principal **RAM**

el sistema operativo **operating system**

la grabadora de CD **CD-writer**

la unidad de CD-ROM **CD-ROM drive**

el disco duro **hard disk**

la tarjeta gráfica **graphics card**

la impresora láser **laser printer**

el laptop / la computadora portátil
laptop

el módem **modem**

el cable de red **network cable**

la tarjeta de red **network card**

el papel **paper**

el procesador **processor**

el escáner **scanner**

la tarjeta de sonido **sound card**

la unidad de control **control unit**

la red **web**

la impresora por chorro de tinta
inkjet printer

el tóner **toner**

el internet **internet**

la tarjeta de vídeo **video card**

Un **power pack** o **power unit** es una pila o un acumulador.

En la óptica

La montura se ha roto.
My frames are broken.

No importa, se puede soldar.
No problem, I can solder that.

¿Puedo esperar aquí?
Can I wait for it?

Lo siento, no estará lista hasta mañana.
I'm sorry, it won't be ready until tomorrow.

¿No tiene gafas de sustitución?
Don't you have an extra pair of glasses?

En español hay varias palabras, pero una sola en inglés: *gafas, anteojos, lentes, espejuelos* = **glasses.**

la varilla
earpiece

el lente / el cristal
glass

el marco / la montura
frame

El lente cristal se ha roto.
The glass is broken.

las gafas de sol
sunglasses

los gemelos / los prismáticos
binoculars

Mis gafas se han roto.
My glasses are broken.

¿Podría usted reparármelas?
Can you repair it?

¿Cuánto tiempo durará la reparación?
How long will it take?

¿Puedo esperar aquí?
Can I wait for it?

el / la lente de contacto
contact lenses
   lentillas duras
   hard lenses
   lentillas suaves
   soft lenses

la visión
vision

la lupa
magnifying glass

miope
short-sighted

hipermétrope
far-sighted

el estuche para las gafas
glasses case

el limpiador de gafas
cleaner

Con las prendas que forman parejas, tales como zapatos, calcetines y pantalones, se usa la expresión inglesa **a pair of**: **a pair of shoes / socks / pants**, etc.

En la relojería

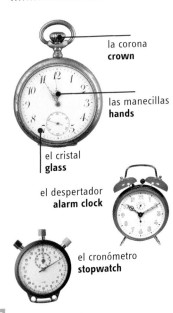

la corona
crown

las manecillas
hands

el cristal
glass

el despertador
alarm clock

el cronómetro
stopwatch

Mi reloj no funciona.
My watch / clock isn't working.

Mi reloj se adelanta.
My watch / clock is running fast.

Mi reloj se atrasa.
My watch / clock is running slow.

¿Puede reparármelo?
Can you repair it?

¿Cuánto tiempo tardará?
How long will it take?

la correa de pulsera
wristband

el reloj de pulsera
watch

el reloj de bolsillo
pocket watch

el reloj de pared
wall clock

impermeable
waterproof

En la joyería

Busco un regalo. **I am looking for a gift.**

Es para hombre / mujer. **It is for a man / a woman.**

¿Hay algo más barato? **Do you have something less expensive?**

¿Qué material es? **What material is that?**

¿Qué piedra es? **Which gem is that?**

el pendiente **pendant**

el alfiler **badge / pin**

el brazalete / la pulsera **bracelet**

el broche **brooch**

el collar **necklace**

el alfiler de corbata **tie pin**

los gemelos **cufflinks**

el collar de perlas **pearl necklace / string of pearls**

el anillo **ring**

los pendientes **earrings**

la amatista **amethyst**

el ámbar **amber**

el diamante **diamond**

el acero inoxidable **stainless steel**

el marfil **ivory**

el oro **gold**
dorado **goldplated**

el coral **coral**

el cobre **copper**

la ónix **onyx**

la perla **pearl**

el platino **platinum**

el rubí **ruby**

el zafiro **sapphire**

la plata **silver**
plateado **silver plated**

la esmeralda **emerald**

Un **clock** se pone sobre una mesa o en la pared; un reloj de pulsera es **a watch**.

Cabello y barba

el gel para el cabello
hair gel

la cinta elástica para el cabello
elastic

las horquillas
hairpins

el pasador
barrette

la laca
hairspray

la crema suavizante
hair conditioner

el champú
shampoo

el rizador
curler

el tinte para el cabello
hair dye / hair color

el tinte
color rinse / tint

el cepillo para el cabello
hairbrush

el peine
comb

la permanente
perm

las patillas
sideburns

los rizos
curls

la raya mediana
center part

la raya
part

el bigote
mustache

la caspa
dandruff

los mechones
strands

la peluca
wig

las cejas
eyebrows

la barba
beard

The part—*la raya*, divide el pelo en dos partes.

¿Cómo lo quiere?

¿Puedo ir cuando quiera o tengo que pedir una cita?
Are you free, or do I have to make an appointment?

Por favor, láveme el cabello y póngame rulos.
A wash and set, please.

Por favor pínteme el cabello.
Please color my hair.

Quiero dejarme el cabello largo.
I want my hair to stay long.

Por favor, córteme sólo las puntas.
Please cut off only the ends.

Un poco más corto.
Somewhat shorter than that.

Las orejas tienen que quedar cubiertas.
My ears should stay covered.

Sí, así está bien.
Yes, that's right.

¿Puede recortarme la barba?
Would you please trim my beard?

Me afeita, por favor.
A shave, please.

teñir
color

secar
blow-dry

poner rulos
set

lavar
wash

teñir
tint

cardar
tease / back-comb

¿Qué tipo de peinado?

moderno
modern

muy corto
very short

juvenil
sporty

Se usa la expresión **pick up** con los objetos (**to pick up the mail / an article of clothing**) y con las personas (**to pick up Jose**).

Deportes de todo tipo

la pesca
fishing

los dardos
darts

el béisbol
baseball

el aladelta
hang-gliding

el baloncesto
basketball

el hockey sobre
hielo
ice hockey

el billar
billiards

el boxeo
boxing

Los norteamericanos conocen dos tipos de juego de bolos (**bowling**): candle-pins y **duckpins**.

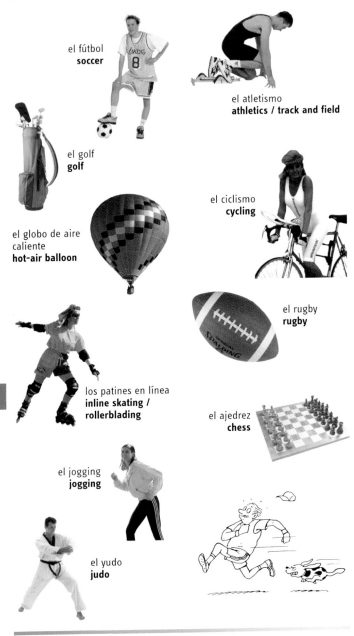

el fútbol
soccer

el atletismo
athletics / track and field

el golf
golf

el ciclismo
cycling

el globo de aire
caliente
hot-air balloon

el rugby
rugby

los patines en línea
**inline skating /
rollerblading**

el ajedrez
chess

el jogging
jogging

el yudo
judo

En un partido de tenis, la expresión **deuce** significa *empatado*.

esquiar
skiing

el monoesquí
snowboard

el submarinismo
diving

el tenis
tennis

el ping-pong
ping-pong / table tennis

los ejercicios aeróbicos **aerobics**

la carrera de coches **car racing**

el bádminton **badminton**

el alpinismo **mountaineering / mountain climbing**

el patinaje sobre hielo **ice-skating**

el paracaidismo **skydiving / parachute jumping**

el fútbol americano **football**

la gimnasia **gymnastics**

el balonmano **handball**

el piragüismo **canoeing**

el karate **karate**

el boliche **bowling**

el críquet **cricket**

la carrera de caballos **horse racing**

el ciclismo **bicycle racing**

la regata **regatta**

la equitación **riding / horseback riding**

la lucha **wrestling**

el remo **rowing**

la natación **swimming**

la vela **sailing**

el squash **squash**

el levantamiento de pesas **weight lifting**

el surf **surfing**

la gimnasia **gymnastics**

el voleibol **volleyball**

el excursionismo **hiking**

el water-polo **water polo**

el esquí acuático **waterskiing**

el windsurf
windsurfing

→ EN LA TIENDA DE ARTÍCULOS DEPORTIVOS, p. 157

Un **ski pole** es un *bastón de esquí*. En un contexto más general, la palabra **pole** significa *palo*.

Arriendos

Quiero alquilar una raqueta de tenis.
I would like to rent a tennis racquet.

¿Cuánto cuesta ...
What does it cost ...
  por hora?
  per hour?
  al día?
  per day?
  a la semana?
  per week?

Es demasiado caro.
That is too expensive for me.

¿Tengo que depositar una fianza?
Must I leave a deposit?

Instrucción

Quisiera hacer un curso de tenis.
I would like to take a tennis course.

¿Se ofrecen cursos de vela aquí?
Are sailing courses offered here?

Nunca he practicado el submarinismo.
I have never practiced diving.

Soy principiante.
I am a beginner.

Tengo experiencia.
I am advanced.

Cursos creativos

el curso de cocina **cooking course**

el curso de pintura **painting course**

el curso de idiomas **language course**

el baile **dance**

el teatro **theater**

En la playa

¿Dónde está la playa más cercana?
Where is the nearest beach?

¿Dónde puedo alquilar una sombrilla?
Where can I rent a sun umbrella?

¿Cuánto cuesta una tumbona al día?
How much is the rental of a chaise longue per day?

Busco una playa de nudistas.
I am looking for a nudist beach.

¿La marea está alta o baja?
Is it high or low tide?

¿Qué profundidad tiene el agua?
How deep is the water?

¿Qué temperatura tiene el agua?
What's the water temperature?

¿Hay corrientes peligrosas?
Are there any dangerous currents?

¿Tiene un salvavidas la playa?
Is there a lifeguard on the beach?

¿Qué significan las banderas?
What do the flags mean?

Avisos

Swimming prohibited!
¡Prohibido bañarse!

Storm warning
Aviso de tormenta

Danger!
¡Peligroso!

Swimming at your own risk
Bañarse sólo a propio riesgo

Only for swimmers
Sólo nadadores

Diving prohibited
Prohibido tirarse

Dangerous current!
¡Corriente peligrosa!

Private beach
Playa privada

A deposit es *una fianza* o *un depósito*.

En la playa

el traje de baño
swimsuit

las aletas
flippers

el bañador
**trunks /
swimming trunks**

el cangrejo
crab

las chancletas
flip-flops

la tumbona
beach chair

la toalla
bath towel

la lancha de
motor
motorboat

la pelota
ball

el bikini
bikini

Coastal waters son, lógicamente, las agues costeras.

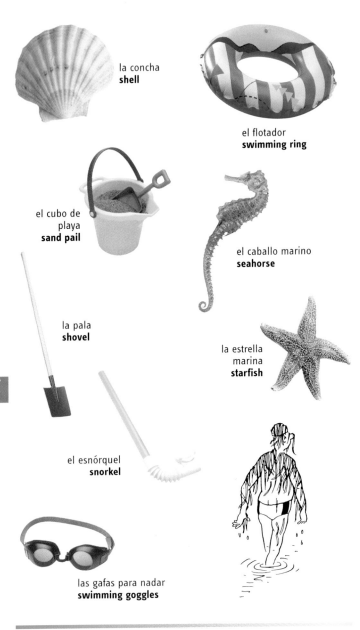

la concha
shell

el flotador
swimming ring

el cubo de
playa
sand pail

el caballo marino
seahorse

la pala
shovel

la estrella
marina
starfish

el esnórquel
snorkel

las gafas para nadar
swimming goggles

Un **breaker** es una gran ola.

las algas **seaweed**

la caseta para cambiarse **beach cabin / cabana**

el bote **boat**

el alquiler de botes **boat rental**

las gafas para el sol **sunglasses**

el oleaje **surf**

la duna **dune**

la marea baja **low tide**

el volante **shuttlecock**

la costa rocosa **rocky shoreline**

la loción para el sol **suntan lotion**

la quemadura por el sol **sunburn**

la insolación **sunstroke**

el río **river**

la marea alta **high tide**

la playa de arena gruesa **pebble beach**

el colchón neumático **air mattress**

el mar **sea**

no nadadores **non-swimmers**

la canoa / la piragua **canoe**

la medusa **jellyfish**

el salvavidas **lifeguard**

la sombrilla **sun umbrella**

el bote de remos **rowboat**

la arena **sand**

la playa de arena **sandy beach**

la sombra **shadow**

el nadador **swimmer**

la nadadera **water wing**

el océano **ocean**

las chancletas **flip-flops**

la toalla de playa **beach towel**

las gafas de buceo **diving goggles / mask**

la corriente **current**

la tabla de surf **surfboard**

el hidropedal **pedal boat**

la contaminación **pollution**

el esquí acuático **waterski**

la ola **wave**

el polo acuático **water polo**

Una medusa es un **jellyfish** (**jelly** = *jalea*; **fish** = *pez*; un término descriptivo de la consistencia de la criatura).

Piscinas

Quiero dos entradas, por favor.
I would like two tickets, please.

¿Hay también billetes semanales / abonos?
Is there also a weekly pass / multiple-entry pass?

¿Hay descuento para ...
There is a discount for ...
  niños?
  children?
  jóvenes?
  teenagers?
  estudiantes?
  students?
  minusválidos?
  the handicapped?
  personas de edad?
  senior citizens?
  grupos?
  groups?

¿Dónde están las casetas para cambiarse?
Where are the changing cabins?

¿Hay cajas de seguridad?
Do you have lockers?

¿El uso de la sauna está incluido en el precio?
Is the use of the sauna included in the price?

¿Es obligatorio ponerse el gorro?
Does everyone have to wear a bathing cap?

¿Hay también algún restaurante al lado de la piscina?
Is there also a restaurant by the swimming pool?

¿Qué temperatura tiene el agua hoy?
What is the water temperature today?

¿Mantienen la misma temperatura del agua todos los días?
Do they keep the same water temperature at all times?

¿Limpian el agua con cloro o con ozono?
How do you purify the water, with chlorine or ozone?

¿La piscina es de agua salada o de agua dulce?
Do you use salt water or fresh water?

Deportes acuáticos

el kayak **kayak**

la canoa / la piragua **canoe**

la lancha de motor **motorboat**

los remos **oars**

el timón **rudder**

el bote de remos **rowboat**

la lancha inflable **rubber dinghy**

el submarinismo **diving**

el hidropedal **pedal boat**

el esquí acuático **waterskiing**

el surf **surfing**

hacer surf a vela **windsurfing**

Surf a vela

la vela **sail**

el mástil **mast**

la botavara **boom**

la tabla de surf **surfboard**

la orza de deriva **centerboard**

la orza auxiliar **auxiliary board**

las cinchas **foot strap**

Los remos de canoa son **paddles** pero los remos de un bote son **oars**.

Buceo

Quisiera practicar el submarinismo.
I would like to go deep-sea diving.

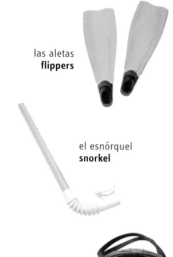

las aletas
flippers

el esnórquel
snorkel

Quisiera hacer submarinismo en cuevas.
I would like to go cave-diving.

Tengo licencia submarinista.
I have diving certification.

Quisiera sacar la licencia submarinista.
I would like to get a diving certificate.

las gafas de buzo
diving mask

¿Cuánto cuesta sacar la licencia submarinista?
How much does it cost to get a diving certificate?

¿Cuánto tiempo se necesita para sacar la licencia submarinista?
How long does it take to get a diving certificate?

¿Esta licencia vale a nivel internacional?
Will this diving certificate be accepted internationally?

el cinturón de plomo **weight belt**

el decómetro **decometer**

las bombonas de aire comprimido **compressed-air bottles**

el traje de buceo **wetsuit**

el reloj de buzo **diving watch**

el batímetro / el profundímetro **depth gauge**

To start from scratch = *Empezar desde cero.*

Navegación a vela

Tengo licencia de navegación de vela de clase B.
I have a Class B sailing license.

Quisiera sacar la licencia de navegación de vela.
I would like get a sailing license.

¿Organiza usted excursiones de vela de varios días?
Do you organize sailing trips that last several days?

¿Cuánto cuestan?
How much are they?

¿Cuándo podemos zarpar?
When can we cast off?

¿Hay más gente inscrita?
Has anybody else registered?

Quisiera navegar cerca de la costa.
I would like to sail in offshore waters.

Tengo interés en navegar en alta mar.
I am interested in sailing in the open sea.

los nudos
knots

el remo
oar

el flotador
life preserver

el chaleco
salvavidas
life jacket

Un lago es **a lake**, una laguna es **a pond**.

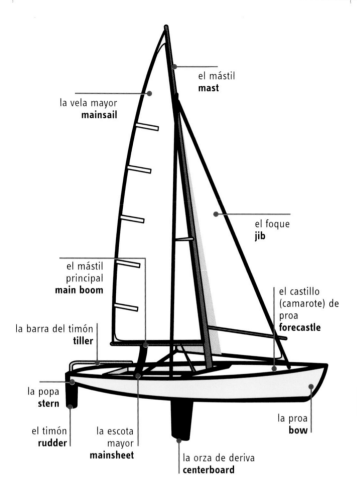

el mástil
mast

la vela mayor
mainsail

el foque
jib

el mástil
principal
main boom

el castillo
(camarote) de
proa
forecastle

la barra del timón
tiller

la popa
stern

la proa
bow

el timón
rudder

la escota
mayor
mainsheet

la orza de deriva
centerboard

el ancla **anchor**

a babor **port**

a sotavento **leeward**

el faro **lighthouse**

a barlovento **windward**

el motor **motor**

a estribor **starboard**

el aparejo **rigging**

la lancha **yawl**

el crucero **cruiser**

la jabeguera **trawler**

la goleta **schooner**

el yate **yacht**

La palabra **forecastle** es el castillo de proa. Ambos términos se remontan a siglos pasados y hoy se usan para indicar las estructuras delanteras de un barco.

Pesca

Quisiera salir a pescar.
I would like to go fishing.

¿Necesito un permiso para poder pescar?
Do I need a fishing license?

¿Cuánto cuesta la licencia por día / por semana?
What does the license cost per day / per week?

¿Dónde puedo adquirir la licencia?
Where can I get a license?

Tengo interés en la pesca en alta mar.
I am interested in deep-sea fishing.

¿Cuánto cuesta participar en una excursión de pesca?
How much would a fishing trip cost?

¿A quién puedo dirigirme?
Whom should I contact?

Tengo especial interés en la pesca con ...
I am particularly interested in catching ...

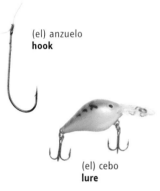

(el) anzuelo
hook

(el) cebo
lure

¿Qué tipo de peces puedo pescar?
Which types of fish can be caught?

¿Podemos ir también a otros caladeros?
Can we sail to other fishing grounds too?

el carrete **fishing reel**
el sedal **fishing line**
la caña de pescar **fishing rod**
la plomada **weights / sinker**
el flotador **float**

→ Also see DE LAGOS Y OCÉANOS, p. 117

El término general para *río* es **river**; un río tributario se llama **tributary river**.

Caminatas

¿Tiene usted un mapa de las rutas de excursión?
Do you have a hiking map?

¿Están bien señalados los caminos?
Are the trails well marked?

¿Es una excursión sencilla / pesada?
Is the route easy / difficult?

¿La excursión es adecuada para niños?
Is the route suitable for children?

¿A qué altura se llega aproximadamente?
Approximately what altitude is reached?

¿Dónde tengo que apuntarme para la excursión?
Where do I have to I register for the hike?

¿Hay que prestar especial atención a algo durante la excursión?
Is there anything special to watch out for on the hike?

¿Cuánto tiempo me tardará aproximadamente en llegar a ...?
About how long will take me to go to ...?

¿El agua es potable?
Is the water drinkable?

¿En esta zona está permitido ...
In this area, am I allowed to ...
　dormir en una tienda de campaña?
　spend the night in a tent?
　encender fuego?
　light a fire?

¿Hace falta un permiso especial para entrar en esta zona?
Do I need any special permit for this area?

¿Dónde puedo conseguir el permiso?
Where do I get the permit?

¿Es éste el camino a ...?
Is that the right way to ...?

¿Puede enseñarme el camino en el mapa?
Can you show me the way on the map?

Me he perdido.
I have gotten lost.

¿Falta mucho para llegar a ...?
How far is it still to ...?

Alpinismo

Busco lugares para alpinismo en esta región.
I am looking for climbing spots in the area.

¿Dónde puedo alquilar el equipo necesario?
Where can I rent the necessary equipment?

¿Hay guías?
Do you have guides?

¿Cuánto cuesta un guía al día?
How much does a guide cost per day?

¿Hay guías que hablen español?
Do you have a guide who speaks Spanish?

Hitchhiking es *hacer autostop / hacer dedo.*

Equipo

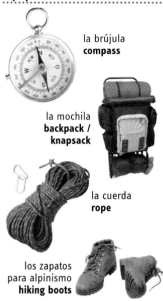

la brújula
compass

la mochila
**backpack /
knapsack**

la cuerda
rope

los zapatos
para alpinismo
hiking boots

la cantimplora
canteen

la manta aislante / térmica **reflective
blanket**

el casco **helmet**

el hacha de hielo **ice ax**

la cuerda de trepar **climbing belt**

las botas de alpinismo **climbing
boots**

el estuche de emergencia
emergency kit

los trepadores **crampons**

la linterna **flashlight**

la tienda de campaña **tent**

Vocabulario importante

el descenso **descent**

el ascenso **ascent**

el arroyo **brook**

la montaña **mountain**

el refugio **mountain hut**

la cima **mountain peak**

el puente **bridge**

el campo **field**

el sendero **footpath**

la inclinación **gradient**

la excursión a cota elevada **high-altitude hiking**

la cueva **cave**

la colina **hill**

el canal **canal**

el sendero de ascención **climbing
path**

la cuesta **climbing track**

el precipicio **cliff**

el parque natural **nature park**

la reserva **sanctuary / reservation**

el paso **pass**

el manantial **mountain spring**

el nivel de dificultad **degree of
difficulty**

el lago **lake**

el funicular **cable railway**

la excursión de un día **one-day hike**

el valle **valley**

el estanque **pond**

la trocha **trail**

la cascada **waterfall**

la viña **vineyard**

la pradera **meadow**

Igual que en español, una **excursion** puede ser una caminata a pie o en bicicleta.

Naturaleza

el arce
maple

el laurel
laurel

el árbol
tree

la margarita
daisy

el haya
beech

el narciso
narcissus

el roble
oak

el clavel
carnation

el hibisco
hibiscus

la orquídea
orchid

el castaño
chestnut

la rosa
rose

la azucena
lily

el girasol
sunflower

el tilo
lime tree

la piña
pine cone

En inglés la palabra **canal** sólo se refiere al agua; con los televisores la palabra es **channel**.

Deportes invernales

Quisiera esquiar.
I would like to go skiing.

Me gustaría aprender a esquiar.
I would like to learn skiing.

¿Hay pistas de nieve sin preparar?
Do you have deep-snow runs?

Soy principiante.
I am a beginner.

Soy un esquiador con experiencia.
I am an experienced skier.

¿Me puede recomendar un instructor de esquí?
Can you recommend a ski instructor?

¿Dónde puedo alquilar / comprar equipo de esquí?
Where can I rent / buy ski equipment?

¿Cuáles son las condiciones actuales de la nieve y el esquí?
What are the current snow / skiing conditions?

¿Qué nivel de dificultad tienen las pistas?
How difficult are the ski runs?

el esquí alpino **downhill skiing**

las fijaciones **binding**

el esquí a campo traviesa **cross-country skiing**

el telesquí **ski lift**

la pista **ski run**

el trineo **sled**

los patines **ice skates**

el esquí **ski**

el instructor de esquí **ski instructor**

la tarjeta de esquí **ski pass**

la bota de esquiar **ski boot**

el bastón de esquí **ski pole**

el monoesquí **snowboard**

la cera **wax**

el funicular **cable railway**

el telesilla **chair lift**

Deportes para espectadores

¿Hay algún partido de fútbol esta semana?
Is there a soccer game this week?

¿Dónde puedo sacar las entradas?
Where do I get tickets?

Quisiera sacar una entrada para el partido del ... contra el ....
I would like to buy a ticket for the game of ... against ...

¿Cuánto cuesta la entrada?
What is the admission fee?

¿Qué equipos juegan?
Which teams are playing?

¿Cómo va el partido?
What is the score?

Empatado.
A tie / draw.

4 a 1 para el Atlético de Madrid.
4 to 1 for the Atletico of Madrid.

El Atlético de Madrid ganó.
The Atletico of Madrid won.

El Atlético de Madrid perdió.
The Atletico of Madrid lost.

¿Podría explicarme las reglas, por favor?
Can you please explain the rules to me?

el árbitro
referee

la victoria
win

la derrota
loss / defeat

I have been skiing for ten years = *He estado esquiando por diez años.* Nótese que en inglés no puede decirse *Esquío durante diez años.*

En la oficina de turismo

¿Perdone, me puede ayudar, por favor?
Excuse me, can you please help me?

Busco la oficina de turismo.
I am looking for the tourist office.

Me da por favor ...
Please may I have ...
    un mapa de la ciudad.
    a map.
    un mapa del metro.
    a subway map.
    unos folletos.
    brochures.

¿Me puede dar informaciones acerca de ...
Do you have information on ...
    las actividades culturales?
    cultural events?
    las giras turísticas de la ciudad?
    city tours?
    los lugares de interés?
    sights?
    los restaurantes?
    restaurants?
    los hoteles?
    hotels?

Quisiera un programa de actividades.
I would like a calendar of events.

¿Hay algún espectáculo interesante esta semana?
Are there any interesting events this week?

¿Cuáles son los lugares de interés más importantes?
What are the main sights?

Me gustaría ver ...
I would like to see ...

El arte me interesa mucho.
I am particularly interested in art.

¿Hay guías que hablen inglés?
Are there English-speaking guides?

¿Cuánto cuesta una gira por la ciudad?
What does a city tour cost?

¿A qué hora empieza?
When does it begin?

¿Qué incluye el precio?
What is included in the price?

¿A qué hora estaremos de regreso?
When will we be back?

¿Podría conseguirme las entradas?
Can you get tickets for me?

En Inglaterra el intermedio es **the interval**; en Norteamérica se dice **the intermission**.

Cosas que ver

el centro histórico **old city**

las antigüedades **antiques**

la arqueología **archaeology**

la arquitectura **architecture**

las excavaciones **excavations**

la exposición **exhibition**

el edificio **building**

la biblioteca **library**

la escultura **sculpture**

la botánica **botany**

el jardín botánico **botanical gardens**

el puente **bridge**

el castillo **castle**

la fuente **well**

el monumento **monument**

el centro comercial **shopping center**

la fábrica **factory**

la fortaleza **fortress**

el rastro **flea market**

el cementerio **graveyard / cemetery**

la galería **gallery**

el jardín **garden**

la casa natal **birthplace**

las pinturas / los cuadros **painting**

la geología **geology**

la historia **history**

la decoración del cristal **glass painting**

la tumba **grave**

el muelle **dock**

las cuevas **caves**

el centro de la ciudad **city center**

las cerámicas **ceramics**

el escollo / la roca **cliff**

la sala de conciertos **concert hall**

el arte **art**

la galería de arte **art gallery**

la artesanía **handicrafts**

el paisaje **landscape**

la literatura **literature**

la pintura **painting**

el mercado **market**

la feria **fair**

el amoblado **furniture**

la moda **fashion**

las monedas **coins**

el museo **museum**

la música **music**

el parque nacional **national park**

la reserva natural **reservation / sanctuary**

la ópera **opera**

el parque **park**

el planetario **planetarium**

el ayuntamiento **town hall**

la religión **religion**

la reserva **reservation**

las ruinas **ruins**

el cañón / el desfiladero **canyon**

el lago **lake**

el estadio **stadium**

la estatua **statue**

la represa / la presa **dam**

el pantano **wetland / swamp**

el teatro **theater**

la cerámica **ceramics / pottery**

la torre **tower**

los restos arqueológicos **remains / ruins**

la universidad **university**

la ornitología **ornithology**

el volcán **volcano**

la economía **economy / finance**

el rascacielo **skyscraper**

el desierto **desert**

el parque zoológico **zoo**

Tumba es **grave**. La palabra **tomb** se emplea para algo más grande, por ejemplo, *la tumba del soldado desconocido* (**the tomb of the unknown soldier**).

Iglesias y monasterios

la abadía **abbey**
el altar **altar**
el arco **arch**
el coro **choir**
el cristiano **Christian**
el cristianismo **Christianity**
la catedral **cathedral**
la galería del coro **choir loft**
las ventanas **windows**
el ala **wing**
el friso **frieze**

la cúpula **dome**
la nave **nave**
la misa **mass**
la edad media **Middle Ages**
medieval **medieval**
la nave central **center nave**
el musulmán **Muslim**

el sacerdote **priest**
la campana **bell**
el estilo gótico **Gothic**
la misa **church service**
el judío **Jew**
el púlpito **pulpit**
la capilla **chapel**
la catedral **cathedral**
el católico **Catholic**
la iglesia **church**
el campanario **steeple**
el convento **cloister**
la creencia **denomination**
la cruz **cross**
el claustro **cloisters**
la cripta **crypt**

el peregrino **pilgrim**
el portal **main entrance**
el protestante **Protestant**
la nave transversal **transept**
el relieve **relief**
la religión **religion**
el estilo románico **romanesque**
el rosetón **rosette**
la sacristía **sacristy**
el sarcófago **sarcophagus**
la nave lateral **side aisle**
la sinagoga **synagogue**
la pila bautismal **font**
el templo **temple**
la torre **tower**
el fresco **mural**

El oficio religioso es **the service**; cuando la gente va a misa, se dice que **they go to church.**

En el museo

¿A qué hora abre el museo?
When is the museum open?

¿Cuánto cuesta la entrada?
How much is the admission?

¿Cuánto cuesta un recorrido con guía?
How much does a guided tour cost?

Dos entradas para adultos, por favor.
Two admission tickets for adults, please.

Tres entradas para niños.
Three admission tickets for children.

¿Tienen catálogos en Español?
Is there a Spanish-language catalog?

¿Está permitido sacar fotografías?
Can I take photographs?

¿Hay descuentos para ...
Is there a discount for ...
  niños?
  children?
  grupos?
  groups?
  ancianos?
  senior citizens?
  estudiantes?
  students?
  minusválidos?
  handicapped?

¿Cómo se llama ...
What is the name of the ...
  el arquitecto?
  architect?
  el artista?
  artist?
  el fundador?
  founder?

¿De quién es ...
Who has created ...
  la pintura?
  the painting?
  la escultura?
  the sculpture?

  la música?
  the music?
  la exposición?
  the exhibition?

¿Tiene pósters / postales de ... ?
Do you have a poster / postcard of ... ?

Avisos

Photography prohibited
Prohibido sacar fotografías

Cloakroom
Guardarropa

Closed
Cerrado

Lockers
Cajas de seguridad

Toilets
Servicios

Closed for renovation
Cerrado por restauración

¿Qué le parece?

divertido **amusing**

impresionante **impressive**

asombroso **astonishing**

maravilloso **magnificent**

feo **ugly**

espléndido **splendid**

bonito **pretty**

romántico **romantic**

horrible **dreadful**

raro **strange / unusual**

fantástico **great**

inquietante **uncanny**

Si Ud. ve un letrero que dice **Exit** (salida), es posible que haya otro que diga **Emergency Exit** (salida de emergencia).

¿Qué hay allí?

el ballet **ballet**

la discoteca **discotheque / disco**

el festival **festival**

la película **film**

el folclor / el folklore **folklore**

el concierto de jazz **jazz concert**

el cabaret **cabaret**

el concierto **concert**

el musical **musical**

el club nocturno **nightclub**

la ópera **opera**

la opereta **operetta**

la procesión **procession**

el casino **casino**

el teatro **theater**

el desfile **parade**

el circo **circus**

Lo que escucha o lee

I'm sorry, we are sold out.
Lo siento, están agotadas todas las entradas.

Your ticket, please.
La entrada, por favor.

Here is your seat.
Este es su lugar.

cloakroom
el guardarropa

toilets
los servicios higiénicos

exit
la salida

Información

¿Qué hay esta noche en el teatro?
What is playing at the theater tonight?

¿Qué obra de teatro me recomienda?
Can you recommend a play?

¿Qué ponen hoy en el cine?
What is playing at the cinema today?

Me gustaría ver un buen musical.
I would like to see a good musical.

¿Donde está ...
Where is ...
  el cine?
  the cinema / movie theater?
  el teatro?
  the theater?
  la sala de conciertos?
  the concert hall?
  la ópera?
  the opera?

¿A qué hora empieza la representación?
When does the performance begin?

¿Cuánto tiempo dura la obra?
How long is the play?

¿Cuándo término?
When does the show end?

¿Dónde está el guardarropa, por favor?
Where is the cloakroom, please?

¿Cuánto tiempo dura la pausa?
How long is the intermission?

¿Es necesario ir vestido de etiqueta?
Is evening attire necessary?

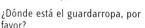

La palabra **performance** significa *representación* (de música, de teatro, etc.), pero también *actuación* o *rendimiento*.

Teatro y conciertos

¿Qué tipo de obra es ésta?
What type of play is this?
la comedia
comedy
la tragedia
tragedy
el drama
drama

¿De quién es la obra?
Who is the playwright?

¿De quién es la escenografía?
Who is the producer?

¿Quién es el protagonista?
Who plays the leading role?

¿Quiénes son ...
Who are ...
los actores?
the actors?
los cantantes?
the singers?
los bailarines?
the dancers?

¿Quién es ...
Who is ...
el director?
the director?
el coreógrafo?
the choreographer?
el director de orquesta?
the conductor?
el autor?
the author
el encargado de la decoración?
the set designer?
la orquesta?
the orchestra?
el compositor?
the composer?

¿Puedo alquilar un par de gemelos?
Can I rent binoculars?

Comprar entradas

¿Quedan entradas para la función de hoy?
Do you still have tickets for today?

¿Tienen entradas rebajadas?
Do you have also discounted tickets?

¿Cuánto cuesta una entrada ...
How much does a seat cost in a ...
de precio más bajo?
lower price range?
de precio más alto?
expensive price range?

Quiero un asiento ...
I would like a seat ...
en la platea.
in the orchestra.
en el paraíso.
in the balcony.
en el centro.
in the middle.
con buena vista.
with a good view.
en el palco.
in the box.

Quisiera reservar tres entradas.
I would like to reserve three tickets.

Discos y clubes nocturnos

¿Dónde se puede uno divertir por la noche?
Is there a place where we can have fun tonight?

¿Hay discotecas por aquí?
Is there a disco around here?

¿Cómo tengo que vestirme?
What does one wear?

¿Hay gente joven o ya mayor allá?
Are there young / older people there?

¿Baila conmigo?
Would you like to dance?

¿Me permite invitarla?
May I invite you?

¿Me permite acompañarla a casa?
Can I take you home?

El conjunto de actores o bailarines de un espectáculo teatral o de una película se llama **cast**.

Oficinas e instituciones

el banco **bank**

la biblioteca **library**

la embajada **embassy**

el municipio **city hall**

el departamento de extranjería **immigration authority**

los bomberos **fire department**

la oficina de objetos perdidos **lost and found**

el consulado **consulate**

el hospital **hospital**

la policía **police**

estación de policía / cuartel de policía / la comisaría **police station**

correos **post office**

el ayuntamiento **town hall**

el departamento del medio ambiente **environmental protection agency**

¿Dónde está la estación de policía más cercana?
Where can I find the nearest police station?

¿Cuándo abren los bancos?
When do the banks open?

¿A qué hora abre?
When are you open?

¿Abren también los sábados?
Are you also open on Saturdays?

Cerrado
Closed

Busco ...
I am looking for ...

Correos: La dirección adecuada

Mr. John Smith
100 Main St.
Boston, MA 02215

To cash a check significa *cobrar un cheque*.

En el mostrador de correos

¿Dónde está la oficina de correos más cercana?
Where is the nearest post office?

¿Cuál es el horario de apertura?
What are the working hours?

¿Dónde hay un buzón aquí cerca?
Where is the nearest mailbox?

¿De qué color es?
What color is it?

¿Cuánto cuesta enviar una carta ...
How much does a letter cost ...
   a México?
   to Mexico?
   a Colombia?
   to Colombia?
   a Perú?
   to Peru?

¿Cuánto tiempo tarda la carta en llegar a ...?
How long does a letter take to ... ?

Deme una estampilla / un sello de 70 céntimos, por favor.
Please give me a 70-cent stamp.

¿Podría ayudarme a rellenarlo?
Can you help me fill this out?

Para recibo mañana, por favor.
Next day delivery, please.

¿Puedo enviar un fax desde aquí?
Can I send a fax from here?

¿Puedo asegurar este paquete?
Can I insure this parcel?

el remitente **sender**
la dirección **address**
la estampilla / el sello **stamp**
el impreso **printed matter**
la carta urgente **express mail**
el correo certificado **registered mail**
el destinatario **recipient**
el acuse de recibo **acknowledgment**
el fax **fax**
la tarifa **charge**
el giro postal **money order**
el peso **weight**
el correo aéreo **airmail**
contra reembolso **COD**
el paquete pequeño **small parcel**
el paquete **parcel**
el franqueo / el porte **postage**
el giro postal **remittance**
la tarjeta postal **postcard**
en lista de correos **general delivery**
el código postal **zip code**
la ventanilla **counter**
el telegrama **telegram**
el télex **telex**
el seguro **insurance**
la declaración de aduana **customs declaration**

Telegramas

Quiero enviar un telegrama.
I would like to send a telegram.

¿Cuánto cuesta una palabra?
How much does it cost per word?

¿Llegará hoy el telegrama?
Will the telegram arrive today?

Recoger el correo

¿Ha llegado correo para mí?
Is there any mail for me?

Mi nombre es ...
My name is ...

Su documento de identidad, por favor.
Your ID, please.

COD representa **Cash On Delivery** (*contra reembolso al momento de entregarse un paquete*).

El banco

¿Dónde está el banco más cercano?
Where is the nearest bank?

Quisiera hacer efectivo un cheque de viajero.
I would like to cash a traveler's check.

¿A cuánto está el tipo de cambio hoy?
What is the exchange rate today?

Quiero sacar 400 dólares con mi tarjeta de crédito.
I would like to withdraw 400 dollars with my credit card.

Tengo problemas con el cajero automático. ¿Me puede ayudar, por favor?
I am having problems with your automatic teller. Would you please help me?

El cajero automático no me devuelve mi tarjeta de crédito.
The automatic teller has taken my credit card.

Quisiera hacer un giro.
I would like to make a transfer.

Quisiera abrir una cuenta.
I would like to open an account.

¿Podría darme el número del servicio de atención al cliente de la compañía de mi tarjeta de crédito?
Can you give me the customer service number of my credit card company?

Me han robado la tarjeta de crédito.
My credit card was stolen.

Quiero bloquear mi tarjeta de crédito.
I would like to have my card stopped.

Las tarjetas de crédito son excelentes para viajes turísticos. Además de ser universales, usted también puede usarlas en combinación con su PIN (personal identification number) para sacar dinero de un banco o de un cajero automático.

Los billetes norteamericanos tienen los valores nominales siguientes: 1, 5, 10, 20, 50, y 100 dólares. Todos los billetes son verdes y del mismo tamaño, y hay que tener cuidado de no confundirlos. Es aconsejable tener una cantidad de billetes de un dólar para las propinas.

En un dólar hay 100 cents. Las monedas son las siguientes: **penny** (1 centavo), **nickel** (5 centavos), **dime** (10 centavos), **quarter** (25 centavos). El **quarter** es tal vez la moneda más importante, porque se usa en los teléfonos públicos y otras situaciones.

el dinero en efectivo **cash**

el número secreto **PIN (personal identification number)**

el giro **remittance**

el cajero automático **automatic teller (ATM)**

el cambio de divisa **money exchange**

la caja **cash register / cashier**

el dinero suelto **change**

la tarjeta de crédito **credit card**

las monedas **coins**

los horarios de apertura **working hours**

el cheque de viajero **traveler's check**

la ventanilla **counter**

el cheque **check**

los billetes **bills / notes**

la transferencia / el giro **transfer**

la divisa **currency**

el tipo de cambio **exchange rate**

Change significa el vuelto y las monedas en general.

¡Socorro! ¡Ladrón!

Han forzado mi coche.
My car was broken into.

¿Dónde le ha sucedido?
Where did it happen?

En el estacionamiento / aparcamiento.
There in the parking lot.

¿A qué hora pasó eso?
When did it happen?

Entre las once y la una de la tarde.
Between 11 a.m. and 12 noon.

¿Qué le han robado?
What was stolen?

Todo nuestro equipaje.
All our luggage.

Su documento de identidad, por favor
Your ID, please.

También me lo han robado.
That was also stolen.

Tal vez Ud. reconozca esta expresión por haberla escuchado en más de una película: **You have the right to...** (*Ud. tiene el derecho de...*).

En la estación de policía

¡Socorro!
Help!

¿Dónde está la estación de policía más cercana?
Where is the nearest police station?

Quisiera poner una denuncia.
I would like to do make a complaint.

Quiero reportar un accidente.
I would like to report an accident.

¿Hay alguien que hable inglés?
Does anyone here speak English?

No le entiendo.
I don't understand you.

Quiero hablar con un abogado.
I would like a lawyer.

Necesito un intérprete.
I need an interpreter.

Notifique al consulado de mi país, por favor.
Please inform my consulate.

Por favor infórmeme qué derechos tengo.
Please inform me of my rights.

Necesito un certificado para mi agencia de seguro.
I need a report for my insurance agency.

No ha sido culpa mía.
I am not responsible.

¿Qué pasó?

He perdido el monedero.
I have lost my purse.

Me han robado el dinero.
My money has been stolen.

Me han engañado.
I have been cheated.

Me han acosado sexualmente.
I have been molested.

Me han desvalijado.
I have been robbed.

Me han asaltado.
I have been attacked / mugged.

Mi hijo ha desaparecido.
My son is missing.

Me han violado.
I have been raped.

Han forzado mi coche.
My car was broken into.

Mugging quiere decir *atraco*.

¿Qué se robaron?

el documento de identidad **ID**
el automóvil / el auto / el coche **car**
los papeles del auto **car documents**
la cartera **wallet**
la cámara **camera**
el monedero **purse**
el equipaje **luggage**
el bolso **handbag**
la tarjeta de crédito **credit card**
el cheque **check**
el reloj **watch**

Oficina de objetos perdidos

¿Dónde está la oficina de objetos perdidos?
Where is the lost and found office?

He perdido mi reloj.
I have lost my watch.

He dejado olvidado mi bolso.
I have left my handbag somewhere.

¿Ha sido entregada aquí una maleta?
Has a suitcase been handed to you?

¿Podría avisarme, por favor?
Would you please get in touch with me?

Aquí tiene mi dirección.
Here is my address.

Vocabulario importante

el abogado **lawyer**
la denuncia **complaint**
la declaración **statement**
el derecho de recusación de declaración **right to remain silent**
el estafador **swindler / cheat**

el ladrón **thief**
el robo **theft**
la prisión **prison**
los procedimientos legales / la sesión judicial **legal proceedings**
la defraudación matrimonial **marriage fraud**
el protocolo **report**
el proceso **trial**
las drogas / los estupefacientes **drugs**
el juez **judge**
el fiscal **district attorney**
el carterista **pickpocket**
el asalto **mugging**
el delito **crime**

la violación **rape**
el arresto **arrest**

Otra palabra (menos respetuosa) para *policía* es **cop**. Cuando Ud. se dirija a un policía el título adecuado es **officer**.

Primeros auxilios

Me he caído.
I fell down.

Me han atropellado.
I was hit by a car.

Me han asaltado.
I was attacked.

Necesito un doctor.
I need a doctor.

Llame una ambulancia, por favor.
Call an ambulance please.

Me he hecho daño en el brazo.
I have injured my arm.

No puedo mover la pierna.
I cannot move my leg.

Me he roto el brazo.
I have broken my arm.

Estoy sangrando.
I am bleeding.

Mi grupo sanguíneo es ...
My blood type is ...

Padezco de ...
I have ...
  asma
  asthma
  diabetes
  diabetes
  hipertensión
  hypertension
  tensión baja
  low blood pressure

SIDA
AIDS

Tengo alergia a ...
I am allergic to ...
  los ácaros
  mites
  el polvo
  dust
  el pelo de los animales
  animal fur
  las hierbas / las plantas
  gramíneas
  grass
  el polen
  pollen

Soy alérgico a la penicilina.
I am allergic to penicillin.

Estoy embarazada.
I am pregnant.

Lo que usted oye

Can I help you?
¿Puedo ayudarle?

Should I call an ambulance?
¿Quiere que llame una ambulancia?

Just lie there quietly.
Permanezca tranquilo.

I will get help!
¡Voy a pedir ayuda!

Help is on the way.
En seguida vienen a socorrerle.

You were unconscious.
Se ha desmayado.

Cuando una persona pierde el conocimiento se dice que **he** o **she passed out**.

Farmacia

¿Dónde está la farmacia más cercana?
Where is the nearest drugstore?

Necesito un remedio para la diarrea.
I need some medicine for diarrhea.

Necesito vendajes.
I need some bandages.

¿Puedo esperar aquí?
Can I wait for it?

Este medicamento requiere receta médica.
This medication is only by prescription.

¿Cómo debo tomarlo?
How do I take the medicine?

el laxante **laxative**

el colirio **eye drops**

el sedante **sedative / tranquilizer**

la pomada para las quemaduras **ointment for burns**

el desinfectante **disinfectant**

las jeringas desechables **disposable needles / syringes**

las pastillas para la garganta **throat lozenges / cough drops**

el jarabe para la tos **cough syrup**

el repelente de insectos **insect repellent**

el descongestante nasal **nose decongestant**

ls antihistamina **antihistamine**

la insulina **insulin**

las gotas para los oídos **ear drops**

las pastillas para dormir **sleeping pills**

el analgésico **painkiller**

la prueba del embarazo **pregnancy test**

el algodón hidrófilo **cotton**

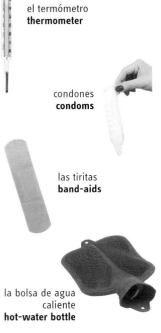

el termómetro
thermometer

condones
condoms

las tiritas
band-aids

la bolsa de agua caliente
hot-water bottle

Posología

de uso externo **external**

de uso interno **internal**

disolver en el agua **dissolve in water**

en ayunas **on an empty stomach**

dejar deshacerse en la boca **let it melt in the mouth**

vía oral sin masticar **swallow without chewing**

antes / después de las comidas **before / after meals**

dos veces al día **twice daily**

cada tres horas **every three hours**

Cuando un medicamento está en venta solamente bajo receta, la expresión inglesa es **on** (o **by**) **prescription**.

El cuerpo humano

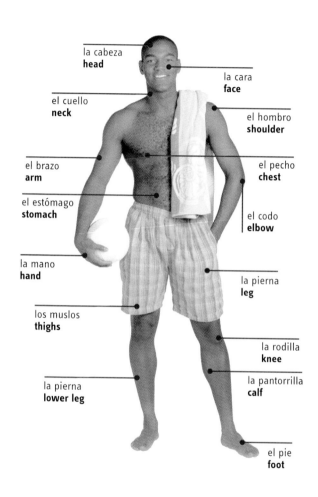

la cabeza
head

la cara
face

el cuello
neck

el hombro
shoulder

el brazo
arm

el pecho
chest

el estómago
stomach

el codo
elbow

la mano
hand

la pierna
leg

los muslos
thighs

la rodilla
knee

la pierna
lower leg

la pantorrilla
calf

el pie
foot

Se usa la palabra **stomach** para designar la barriga en general.

El cuerpo humano

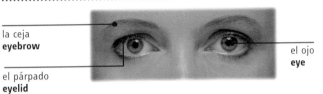

la ceja
eyebrow

el ojo
eye

el párpado
eyelid

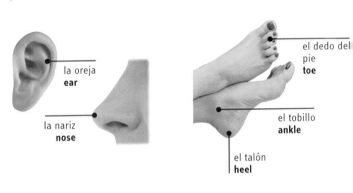

la oreja
ear

la nariz
nose

el dedo del pie
toe

el tobillo
ankle

el talón
heel

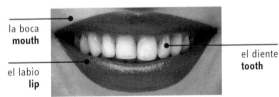

la boca
mouth

el labio
lip

el diente
tooth

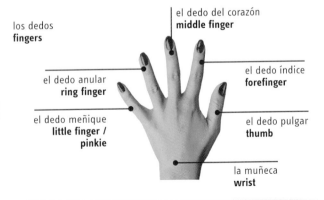

el dedo del corazón
middle finger

los dedos
fingers

el dedo índice
forefinger

el dedo anular
ring finger

el dedo meñique
**little finger /
pinkie**

el dedo pulgar
thumb

la muñeca
wrist

La columna vertebral es **the spine**; los vertebrados son **vertebrates**.

Partes del cuerpo

la arteria **artery**
la vejiga **bladder**
el apéndice **appendix**
la sangre **blood**
los bronquios **bronchial tubes**
el intestino **intestine**
la vesícula biliar **gallbladder**
el cerebro **brain**
la articulación **joint**
la piel **skin**
el corazón **heart**
la cadera **hip**
la mandíbula **jaw**
el hueso **bone**
el hígado **liver**

el pulmón **lung**
el estómago **stomach**
las amígdalas **tonsils**
el músculo **muscle**
el cuello **neck**
el nervio **nerve**
los riñones **kidneys**
la costilla **rib**
la espalda **back**
la clavícula **collarbone**
el tendón **tendon**
la vena **vein**
la columna vertebral **spinal column**
la lengua **tongue**

En el consultorio

¿Hay un doctor aquí?
Is there a doctor here?

¿Cuál es el horario de consultas?
What are the office hours?

¿Puedo ir inmediatamente?
Can I come immediately?

¿Podría el doctor venir a verme en mi casa?
Can the doctor see me at home?

Tengo dolor.
I have a pain.

Me siento débil.
I feel weak.

Me siento ...
I feel ...
  mal
  sick
  mareado
  dizzy

Tengo tos.
I have a cough.

Tomo medicinas para la hipertensión.
I take high blood pressure medicine.

La medicina se llama ...
The name of the medication is ...

¿Puede recetarme una medicina?
Can you prescribe a medicine for me?

¿Necesito una receta para poder comprarla?
Do I need a prescription for it?

Tengo seguro de enfermedad.
I have insurance.

Aquí tiene mi certificado internacional de seguro de salud.
Here is my international insurance card.

Me da la factura y una copia del informe médico, por favor.
Please give me the bill and a copy of your report.

Se recomienda obtener seguro de salud para extranjeros. En caso de accidente pagará usted con tarjeta de crédito y la compañía aseguradora le reembolsará.

Lo que dice el médico

What is your problem?
¿Qué molestias tiene?

Where does it hurt?
¿Dónde le duele?

For how long?
¿Desde cuándo?

How often?
¿Con qué frecuencia?

Does this hurt?
¿Le duele aquí?

Please undress.
Quítese la ropa, por favor.

Take a deep breath.
Respire profundamente.

Open your mouth.
Abra la boca.

Stick out your tongue.
Saque la lengua.

Cough.
Tosa.

Once again.
Otra vez.

Do you smoke?
¿Fuma?

Do you drink alcohol?
¿Bebe alcohol?

Do you have any allergies?
¿Padece de alergia?

Do you take any medication regularly?
¿Toma usted medicinas regularmente?

Are you taking the pill?
¿Toma píldoras anticonceptivas?

I will prescribe something for you.
Le voy a recetar una medicina.

I will give you a shot.
Le voy a poner una inyección.

Do you have a vaccination certificate?
¿Tiene usted un carnet de vacunación?

The wound must be stitched.
Es necesario suturar la herida.

You must have an x-ray.
Tenemos que sacarle una radiografía.

You must see a specialist.
Tiene que consultar a un especialista.

You must have an operation.
Tiene que operarse.

You must stay in bed a few days.
Tiene que permanecer unos días en cama.

Come back tomorrow.
Regrese mañana.

It is nothing serious.
No es nada grave.

There is nothing wrong with you.
No tiene nada.

Especialistas

el cirujano
surgeon

el ginecólogo
gynecologist

el otorrinolaringólogo
ear, nose and throat specialist

el internista
internist

el pediatra
pediatrician

el psiquiatra
psychiatrist

el urólogo
urologist

Las horas de visita de un médico se llaman **consulting hours.**

Enfermedades

la alergia **allergy**

la angina de pecho **angina**

el salpullido / el exantema **rash**

la hinchazón **lump / swelling**

la picadura / la mordedura **bite**

el furúnculo **boil**

el dolor abdominal **stomachache**

la flatulencia **flatulence**

la cistitis **inflammation of the bladder**

la apendicitis **appendicitis**

la hemorragia **hemorrhage**

la hipertensión **high blood pressure**

el sangramiento **bleeding**

la quemadura **burn**

la bronquitis **bronchitis**

la diabetes **diabetes**

la difteria **diphteria**

la diarrea **diarrhea**

la inflamación **inflammation**

el resfriado **cold**

la fiebre / la calentura **fever**

la conmoción cerebral **concussion**

la ictericia **jaundice**

la úlcera **ulcer**

la gripe **flu**

el dolor de garganta **sore throat**

los trastornos cardíacos **heart problems**

el infarto cardíaco **heart attack**

la alergia / la reacción alérgica **allergy**

la tos **cough**

la infección **infection**

la picadura de insecto **insect bite**

la ciática **sciatica**

la tos ferina **whooping cough**

la fractura **fracture**

el dolor de cabeza **headache**

el cáncer **cancer**

el trastorno circulatorio **circulatory disorder**

la parálisis **paralysis**

la pulmonía **pneumonia**

el dolor de estómago **stomachache**

la amigdalitis **tonsillitis**

el sarampión **measles**

la migraña / la jaqueca **migraine**

las paperas **mumps**

la hemorragia nasal **nosebleed**

la viruela **smallpox**

la contusión **bruise**

el reumatismo **rheumatism**

la rubéola **German measles**

el dolor de espalda **backache**

la salmonela **salmonella**

la herida por corte **gash**

el catarro **head cold**

el escalofrío **chills**

la tumefacción **swelling**

la puntada / los dolores de costado **stitch in the side**

la acidez estomacal **heartburn**

la quemadura por el sol **sunburn**

la insolación **sunstroke**

el tétano **tetanus**

la náusea **nausea**

la quemadura **burn**

la intoxicación **poisoning**

la lesión **injury**

la luxación **sprain**

el estreñimiento **constipation**

la enfermedad viral **viral illness**

la varicela **chickenpox**

la herida **wound**

la distensión **strain**

En inglés la rubéola se llama **German measles** (*sarampión alemán*).

¿Qué le pasa?

Me he cortado.
I have cut myself.

Me ha picado un ...
I have been bitten by ...

Tengo algo en el ojo.
I have something in my eye.

Mi hijo se ha caído.
My child fell down.

Tengo hinchado el tobillo.
My ankle is swollen.

He vomitado.
I have vomited.

Donde el ginecólogo

Are you pregnant?
¿Está embarazada?

Are you taking the pill? / Are you on the pill?
¿Toma píldoras anticonceptivas?

When was your last period?
¿Cuándo fue su última menstruación?

Estoy menstruando.
I am having my period.

La última menstruación fue hace dos meses.
I have not had a period for two months.

Creo que estoy embarazada.
I think I am pregnant.

Estoy embarazada.
I am pregnant.

Tengo dolores ocasionados por la menstruación.
I have menstrual pains.

Estoy tomando la píldora anticonceptiva.
I take the pill. / I'm on the pill.

la prueba del embarazo **pregnancy test**

el aborto **abortion**

la cistitis **inflammation of the bladder**

el seno **breast**

la trompa de Falopio **fallopian tubes**

el aborto no intencional **miscarriage**

el útero **uterus**

el condón **condom**

el calambre **cramp**

la vaginitis **vaginitis**

el embarazo **pregnancy**

el DIU **intrauterine device**

la vagina **vagina**

Si una persona tiene un resfriado, dice **I have a cold.** La palabra inglesa **flu** viene de la palabra **influenza** (igual en los dos idiomas).

En el dentista

¿Hay algún dentista aquí?
Is there a dentist here?

Necesito urgentemente una cita.
I need an appointment urgently.

Tengo dolor de muelas.
I have a toothache.

Se me ha caído el empaste.
I have lost a filling.

Se me ha roto una muela.
I have broken a tooth.

Se me rompió la dentadura postiza.
My denture broke.

Quiero anestesia local.
I would like local anesthesia.

Rinse, please.
Enjuague, por favor.

I will fill your tooth.
Le voy a empastar el diente.

I'm only treating it temporarily.
Le voy a hacer un tratamiento
provisional.

Would you like an injection?
¿Quiere que le ponga una inyección?

I have to remove / pull the tooth.
Tengo que sacarle el diente.

el absceso **abscess**
la anestesia **anesthesia**
la inflamación **inflammation**
la dentadura postiza **denture**
el ortodoncista **dental surgeon**
la corona / la funda **crown**
el nervio **nerve**
el empaste **filling**

la muela del juicio **wisdom tooth**
el tratamiento de la raíz **root-canal work**
el puente dental **bridge (dental)**
la encía **gum**
el dolor de muela **toothache**
la abrazadera **dental braces**
la raíz **root (of the tooth)**

La palabra **appointment** significa casi todo tipo de cita.

En el hospital

¿Hay alguien que hable inglés aquí?
Does anybody speak English here?

Hable más despacio, por favor
Please speak more slowly.

Quiero regresar en avión.
I would like to be flown home.

Tengo un seguro para la repatriación.
I have repatriation insurance.

¿Qué tengo?
What do I have?

¿Tengo que operarme?
Do I have to have an operation?

¿Cuánto tiempo tengo que quedarme en el hospital?
How long do I have to stay in the hospital?

¿Puede darme un analgésico, por favor?
Can you please give me a pain killer?

¿Puede informar a mi familia, por favor?
Will you please inform my family.

la cama **bed**

el orinal **bedpan**

la transfusión de sangre **blood transfusion**

el cirujano **surgeon**

la campanilla **call-button**

el enfermero **male nurse**

la enfermera **nurse**

la anestesia **anesthesia**

la operación **operation**

la silla de ruedas **wheelchair**

la inyección **injection**

Poner una inyección a alguien en Inglaterra se dice **to give an injection**; en Norteamérica se dice **to give a shot**.

En la sala de recibo

Tengo una cita con el Señor Smith.
I have made an appointment with Mr. Smith.

El Sr. Pérez me está esperando.
Mr. Pérez is expecting me.

¿Podría avisar que he llegado, por favor?
Would you please tell him I'm here.

Aquí tiene mi tarjeta de visita.
Here is my card.

Lo siento, he llegado un poco tarde.
I am sorry, I am somewhat late.

En la mesa de conferencias

Muchos recuerdos de parte del señor ...
...sends his regards to you.

Nuestra empresa quisiera presentarle la siguiente oferta.
Our company would be pleased to offer you the following.

¿Es su mejor oferta?
Is that your final offer?

Lo siento, ese es nuestro límite.
I'm sorry, that's our limit.

Creo que hay un malentendido.
I think there is a misunderstanding.

Es una sugerencia muy interesante.
That is an interesting suggestion.

¿Podría usted explicármelo más detalladamente?
Can you explain that in more detail?

¿Qué es lo que usted se imagina exactamente?
What exactly are you thinking of?

En síntesis...
Let's summarize ...

Déjeme expresarlo de la manera siguiente.
Let me put it like this.

¡Discúlpeme un momento!
Would you excuse me a moment?

Tengo que hablar primero con mi empresa.
I must discuss this with my company first.

Lo pensaremos.
We will think it over.

Lo verificaremos.
We will check that.

¿Puedo hacer una llamada?
Could I make a phone call?

¿Podríamos concertar otra cita para mañana?
Could we make another appointment for tomorrow?

Mantendremos el contacto por teléfono.
We will stay in touch by phone.

Muchas gracias por esta conversación tan constructiva.
Thank you for the constructive discussion.

Estoy muy satisfecho con nuestras negociaciones.
I am very pleased with our negotiations.

Por una colaboración exitosa.
To our successful cooperation.

La tarjeta personal se llama **business card**.

Vocabulario importante

el precio de venta al público **retail / selling price**

el proveedor **supplier**

la tasa de licencia **licensing fee**

la mercadotecnia / el marketing **marketing**

el IVA **sales tax**

el empleado **employee**

el precio **price**

el protocolo **minutes (of a meeting)**

la comisión **commission**

la conclusión **conclusion**

las acciones **shares**

la oferta **offer**

la inversión **investment**

las restricciones a la importación **import limitations / restrictions**

el precio de compra **purchase price**

el euro **euro**

la Unión Europea **European Union**

los gastos de transporte **freight charges**

la garantía **guarantee**

el socio **business partner**

la cita de negocios **business meeting**

la ley **law**

el beneficio **profit**

la responsabilidad **liability**

el acuerdo comercial **trade agreement**

el margen de ganancias **profit margin**

el fabricante **manufacturer**

el honorario **fee**

la importación **import**

el colega **colleague**

las condiciones **conditions**

la conferencia **conference**

la cooperación **cooperation**

los gastos / costos **expenses / costs**

el descuento **discount / rebate**

la factura **invoice**

los impuestos **taxes**

el precio por unidad **price per piece**

la orden del día **agenda**

las regalías **royalties**

los gastos de transporte **transportation costs**

la adquisición de una empresa por otra **takeover**

la negociación **negotiation**

la pérdida **loss**

el seguro **insurance**

el representante / el agente **representative / agent**

la tarjeta profesional **business card**

el presidente **chairman**

las disposiciones de aduana **customs regulations**

Proposal significa *propuesta*; es un poco más sustancioso que una *oferta* (**offer**).

Estructura corporativa

la sociedad anónima / corporación
Corporation

constituido legalmente en
corporación
incorporated

el consejo de administración
board of trustees

el presidente del consejo de
administración
chairman of the board

el consejo consultivo
advisory board

la junta directiva
board of directors

el jefe de la sección de publicidad /
marketing
advertising / marketing manager

el jefe de ventas
sales manager

el secretario / la secretaria
secretary

el asistente / la asistente
assistant

el presidente de la junta directiva
**chief executive officer (CEO),
president**

el miembro de la junta directiva
board member

el gerente de la empresa
general manager

el vicepresidente ejecutivo
executive vice president

el jefe de división
divison manager

el jefe de departamento
department manager

el gerente general
general manager

el apoderado
authorized officer

Hacerle una oferta a alguien es **to make someone an offer**; en una carta de negocios una oferta es **a quote**.

Contratos

el anexo **appendix**

el pedido **order**

la fianza / la caución **security**

la propiedad / los derechos de propiedad **proprietorship**

el lugar de cumplimiento **place of fulfillment of contract**

el plazo **deadline**

la garantía **guarantee**

la jurisdicción **court of jurisdiction**

las condiciones comerciales **business conditions**

la responsabilidad **liability**

el contrato de compraventa **purchase contract**

las condiciones de entrega **delivery terms**

el plazo de entrega **time of delivery**

el artículo **paragraph**

la fecha **appointment**

la firma **signature**

el acuerdo **agreement**

el contrato **contract**

la multa / la sanción **penalty**

el contrato por escrito **contract in writing**

las condiciones de pago **payment terms**

Ferias comerciales

Busco el stand de la empresa ...
I am looking for the stall of the company ...

Nosotros negociamos con ...
We deal in ...

Nosotros producimos ...
We produce ...

Aquí tiene mi tarjeta de visita.
Here is my card.

¿Puedo darle un folleto?
Can I give you a brochure?

¿Me permite que se lo muestre?
Can I show it to you?

¿Podría mandarme una oferta?
Can you send me an offer?

¿Tiene usted algún catálogo?
Do you have a catalog?

¿Puedo concertar una cita?
Can I arrange a meeting?

la salida **exit**

el expositor **exhibitor**

el documento de identificación **ID card**

la entrada **entrance**

la invitación **invitation**

el visitante especializado **technical visitor**

el pasillo **aisle**

el pabellón **hall**

el catálogo **catalog**

la marca **brand**

la placa de identificación **name badge**

la conferencia de prensa **press conference**

el folleto **brochure**

el stand **stall / stand**

el piso **floor**

la marca de fábrica **trademark**

Otra palabra para garantía (**guarantee**) es **warranty**. Las condiciones son **terms and conditions**.

Glosario

Español – Inglés

A ....
a at
a cuadros checkered
a la parrilla barbecued, grilled
a lunares polka-dotted
a rayas diagonales diagonally striped
a rayas verticales vertically striped
abadía (f) abbey
abogado (m) lawyer
aborto (m) abortion
aborto no intencional (m) miscarriage
abrazadera dental (f) braces
abrelatas (m) can opener
abrigo (m) coat
abrigo de cuero (m) leather coat
abril April
absceso (m) abscess
abuela (f) grandmother
abuelo (m) grandfather
acá here
accidente (m) accident
acción cívica (f) citizens' action
acciones (f) shares
aceite (m) oil
aceite de girasol (m) sunflower oil
aceite de oliva (m) olive oil
acelerador (m) gas pedal
acelga (f) chard
acera (f) sidewalk
acerina (f) golden perch
acero inoxidable (m) stainless steel
achicoria (f) chicory
acidez estomacal (f) heartburn
actor (m) actor
actriz (f) actress
acuaplano (m) hydrofoil
acuarela (f) watercolor
acuerdo (m) agreement
acuse de recibo (m) acknowledgment
adaptador (m) adapter
adentro inside
administración (f) administration
administrador de hotel (m) hotelier

aduana (f) customs
aeropuerto (m) airport
afrutado fruity
afuera outside
agencia de viaje (f) travel agency
agente (m/f) agent
agosto August
agricultor (m) farmer
agua (m) water
agua caliente (m) hot water
agua dentífrica (f) mouthwash
agua mineral (m) mineral water
agua potable (m) drinking water
aguacate (m) avocado
agudeza de la vista (f) vision
aguja de coser (f) sewing needle
ahora now
ahumado smoked
aire (m) air
ajedrez (m) chess
ajo (m) garlic
aladelta (m) hang-gliding
albahaca (f) basil
albañil (m) construction worker, mason
albaricoque (m) apricot
albergue juvenil (m) youth hostel
albornoz (m) bathrobe
alcachofa (f) artichoke
alcaldía (f) mayor's office
alcaparras (f) capers
alcohol (m) spirits
Alemania Germany
alergia (f) allergy, hay fever
aletas (f) fins
alfarería (f) pottery
alfiler (m) pin
alfiler de corbata (m) tie pin
alforja (f) saddlebag
algas (f) seaweed
algodón (m) cotton
alguacil (m) sheriff
algún some
alimento para bebé (m) baby food
alimentos naturales (m) organic food

allá, allí there
almeja (f) clam
almendra (f) almond
almohada (f) pillow
almuerzo (m) lunch
alpinismo (m) mountain climbing
alquilador (m) landlord
alquilar rent
alquiler (m) rent
alquiler de lanchas (m) boat rental
alta, alto high
altar (m) altar
altavoz (m) speaker
alumno (m) student
ama de casa (m) housewife
amarillo yellow
ambulancia (f) ambulance
amígdala (f) tonsil
amigdalitis (f) tonsillitis
amigo (m) friend
amortiguador (m) shock absorber
ánade (m) wild duck
analgésico (m) painkiller
ancho wide
anchoa (f) anchovy
ancla (f) anchor
andén (m) track, platform
anestesia (f) anesthesia
anestético (m) anesthetic
anexo (m) enclosure
angina de pecho (f) angina
anguila (f) eel
anillo (m) ring
año (m) year
Año Nuevo New Year's day
anón (m) haddock
anorak (m) anorak
anteayer day before yesterday
antes previously
antes de before
antigüedades (f) antiques
antihistamina (f) antihistamine
anuncio (m) billboard, ad
apartado postal (m) post office box (P.O. Box)
apartamento (m) apartment
apartamento de vacaciones (m) vacation apartment
apéndice (m) appendix (book), appendix

apendicitis (f) appendicitis
apio (m) celery
apoderado (m) authorized officer
aprendiz (m) trainee
apuntar write down
aquí here
arándanos (m) blueberries
arándanos agrios (m) cranberries
árbitro (m) referee
árbol (m) tree
arce (m) maple
arena (f) sand
arenque (m) herring
armario (m) wardrobe
arqueología (f) archaeology
arquitecto (m) architect
arquitectura (f) architecture
arresto (m) arrest
arroyo (m) brook
arroz (m) rice
arte (m) art
arteria (f) artery
artesanía (f) handicrafts
artesano (m) craftsperson
articulación (f) joint
artículos de papelería (m) stationery
artículos de piel (m) leather goods
artículos domésticos (m) household merchandise
artista (m) artist
asado (m) roast
asado de culata (m) rump steak
asalto (m) mugging
ascenso (m) ascent
ascensor (m) elevator
asesor fiscal (m) tax advisor
asiento (m) seat
asiento junto a la ventana (m) window seat
asiento junto al pasillo (m) aisle seat
asma (m) asthma
asombroso amazing
aspiradora (f) vacuum cleaner
aterrizaje (m) landing
atletismo (m) track and field
atracadero (m) mooring
atún (m) tuna
aunque although
auricular (m) receiver
auriculares (m) headphones
Austria Austria

autocaravana (f) camper
autopista (f) turnpike
autor (m) author
autotrén (m) car-train
auxiliar de médico (f) doctor's assistant
avellana (f) hazelnut
avena (f) oat
avería (f) breakdown
avíos de costura (m) sewing kit
ayer yesterday
ayuda (f) help
ayudar help
ayuntamiento (m) town hall
azafrán (m) saffron
azúcar (m) sugar
azucena (f) lily
azul blue

B

babor (m) port
bacalao (m) codfish, salt cod
badminton (m) badminton
baile (m) dance
baile de gala (m) prom
baja presión (f) low pressure
bajo en calorías low-calorie
bajo en colesterol low cholesterol
bajo en grasa low-fat
balcón (m) balcony
ballet (m) ballet
baloncesto (m) basketball
balonmano (m) handball
balsa de goma (f) rubber raft
banco (m) bank
bañera (f) bathtub
baño (m) bathroom, bath
barato cheap
barba (f) beard
barbo (m) catfish
barco de vapor (m) steamer
barco de vela (m) sailboat
barlovento (m) windward
barquillo (m) waffle
báscula (f) scales
bastón de esquí (m) ski pole
basura (f) garbage
bata (f) robe
batería (f) battery
batidor (m) whisk
batímetro (m) depth gauge
batista (f) batiste

beber drink
bebida (f) beverage
becerro (m) calf
béisbol (m) baseball
beneficio (m) profit
berberecho (m) cockle
berenjena (f) eggplant
berro (m) cress, watercress
besugo (m) sea bream
biblioteca (f) library
bicicleta de carreras (f) racing bike
bidón de agua (m) water jug
bigote (m) mustache
bikini (m) bikini
billar (m) billiards
billete (m) ticket
billete con tarifa familiar (m) family ticket
billete de ida y vuelta (m) round-trip ticket
billete de tarifa de grupo (m) group card
billete estacional (m) season ticket
billete semanal (m) one-week ticket
billete válido por un día (m) day ticket
billón trillion
biólogo (m) biologist
bistec (m) steak
blanco white
blazer (m) blazer
bloc de dibujo (m) sketch pad
bloc de notas (m) notepad
blusa (f) blouse
boca (f) mouth
bocina (f) horn
boletera de estacionamiento (f) parking lot vending machine
boliche (m) bowling
bolígrafo (m) ballpoint pen
bolsa de agua caliente (f) hot water bottle
bolsa de basura (f) trash bag
bolsa de compras (f) shopping bag
bolsa de golf (f) golf bag
bolsa de plástico (f) plastic bag
bolsa de viaje (f) traveling bag
bolsa en bandolera (f) shoulder bag
bolsa para el equipo de fotografía (f) camera bag

bolso (m) handbag
bomba de agua (f) water pump
bomba de aire (f) air pump
bomba de succión (f) suction pump
bomba para hinchar neumáticos (f) bicycle pump
bomberos (m) fire department
bombilla (f) lightbulb
bombón de chocolate (m) chocolate bonbon
bombona de gas (f) gas cylinder
bombonas de aire comprimido (f) compressed-air bottles
bonito pretty
boquilla para cigarrillos (f) cigarette holder
bota (f) boot
bota de esquiar (f) ski boots
botánica (f) botany
botas de alpinismo (f) climbing boots
botas de goma (f) rubber boots
botas de montaña (m) climbing boots
bote (m) boat
bote de parches (m) repair kit
bote de remos (m) rowboat
bote salvavidas (m) lifeboat
botella (f) bottle
botella de agua (f) water bottle
botón (m) button
botones (m) bellboy
boxeo (m) boxing
bragas (f) panties
bramante (m) twine
brazo (m) arm
brécol (m) broccoli
brillante shiny, glossy
brocha de afeitar (f) shaving brush
broche (m) brooch
bronquios (m) bronchial tubes
bronquitis (f) bronchitis
brújula (f) compass
brumoso hazy
bueno good
buenos días hello
bujía (f) spark plug
bulto (m) lump

buque mercante (m) freighter
burro/asno (m) donkey
buscar look for
buzón (m) mailbox

C..
caballa (f) mackerel
caballete de pintor (m) easel
caballo (m) horse
caballo marino (m) seahorse
cabaret (m) cabaret
cabeza (f) head
cabina telefónica (f) telephone booth
cable (m) cable
cable de freno (m) brake cable
cable de red (m) network cable
cable para remolcar (m) towing cable
cables de empalme para la puesta en marcha (m) jumper cables
cabra (f) goat
cabrito (m) kid
cacahuate (m) peanut
cacao (m) cocoa
cada each
cada hora hourly
cadena (f) chain
cadenas antideslizantes (f) snow chains
cadera (f) hip
caerse fall
café (m) coffee
café helado (m) coffee with ice cream
cafetera (f) coffee machine
caja (f) cash register
caja de cambios (f) gearbox
caja fuerte (f) safe
cajero (m) cashier
cajero automático (m) automatic teller (ATM)
calabacines (m) zucchini
calabaza (f) pumpkin
calamar (m) squid
calambre (m) cramp
calcetines (m) socks
calcetines largos (m) stockings
calculadora de bolsillo (f) pocket calculator
caldo de pollo (m) chicken broth
caldo de ternera (m) beef broth

calefacción (f) heating
calefacción central (f) central heating
calefacción de carbón (f) coal heating
calefacción eléctrica (f) electric heating
calefactor (m) heater
calendario (m) calendar
calentador (m) hot water heater
calentador de inmersión (m) immersion heater
caliente warm, hot
calle (f) street
callejón (m) alley
calor (m) heat
calor moderado moderately warm
calzoncillos (m) underpants
cama (f) bed
cama de niño (f) child's bed
cama individual (f) single bed
cama matrimonial (f) double bed
cámara (f) camera
cámara de aire (f) inner tube
camarera (f) chambermaid
camarero (m) waiter
camarote (m) cabin
camarote doble (m) double cabin
camarote exterior (m) outside cabin
camarote individual (m) single cabin
camarote interno (m) inside cabin
cambiar alter
cambio (m) exchange, change
cambio de divisa (m) money exchange
cambio de marchas (m) gearshift
camisa (f) shirt
camiseta (f) t-shirt, undershirt
camisón (m) nightshirt
campamento (m) campsite
campana (f) bell
campanario (m) steeple
campanilla (f) call-button
campo (m) field
caña de pescar (f) fishing rod
canal (m) canal
cáncer (m) cancer

candado (m) padlock
candelero (m) candlestick
canela (f) cinnamon
cangrejo (m) crab
canoa (f) canoe
cañón (m) canyon
cansado tired
capilla (f) chapel
capitán (m) captain
capó (m) hood
capón (m) capon
capuchino (m) cappuccino
caqui (f) persimmon
cara (f) face
carambola (f) carambola
caravana (f) trailer
carbón (m) charcoal
carboncillo (m) charcoal pencil
carburador (m) carburettor
cargadero (m) porter
carne (f) meat
carne de ave (f) poultry
carnero (m) mutton
carnicero (m) butcher
caro expensive
carpa (f) carp
carpintero (m) carpenter
carrera de caballos (f) horse racing
carrera de coches (f) car racing
carretera nacional (f) national highway
carretera regional (f) country road
carro de compras (m) shopping cart
carro de las maletas (m) baggage carts
carta (f) letter
carta de vinos (f) wine list
carta urgente (f) express mail
cartelera (f) billboard
cartera (f) wallet, billfold
carterista (m) pickpocket
casa de empeño (f) pawnbroker
casa de vacaciones (f) vacation house
casado married
cascada (f) waterfall
casco (m) helmet
caseta para cambiarse (f) beach cabin
casino (m) casino
casita de campo (f) bungalow
caspa (f) dandruff
castaña (f) chestnut

castaño (m) chestnut
castillo (m) castle
catálogo (m) catalog
catarro (m) head cold
catedral (f) cathedral
católico (m) Catholic
cazo para la leche (m) milk jug
cebada (f) barley
cebo (m) bait
cebollas (f) onions
cebolleta (f) scallion
cebollino (m) chive
ceja (f) eyebrow
celular (m) cell phone
cementerio (m) cemetery
cena (f) dinner
cenicero (m) ashtray
ceñido tight
centímetro (m) centimeter
centolla (f) spider crab
centrifugadora (f) spin-dryer
centrifugar spin-dry
centro comercial (m) department store, shopping center
centro de la ciudad (m) downtown
centro histórico (m) old city
cepillo de dientes (m) toothbrush
cepillo para el cabello (m) hairbrush
cepillo para fregar (m) scrubbing brush
cepillo para ropa (m) clothesbrush
cepillo para zapatos (m) shoe brush
cera (f) wax
cerámica (f) ceramic, ceramics
cerdo (m) pig
cereal (m) grain
cerebro (m) brain
cereza (f) cherry
cerrado closed
cerradura (f) lock
cerrajero (m) locksmith
cerveza (f) beer
cesta de compras (f) shopping basket
cesta de la ropa (f) laundry basket
chal (m) scarf
chaleco (m) vest
chaleco salvavidas (m) life jacket
champanero (m) cooler
champú (m) shampoo

chanclas (f) bath slippers
chaparrón (m) showers
chaqueta (f) jacket
chaqueta de cuero (f) leather jacket
charco (m) puddle
cheque (m) check
cheque de viajero (m) traveler's check
chile (m) chili
chimenea (f) chimney
chinches (f) thumb tacks
chocolate (m) chocolate
chófer (m) driver
chucrut (m) sauerkraut
chuleta (f) cutlet
chuletas (f) spare ribs
chupete (m) pacifier
ciática (f) sciatica
ciclismo (m) cycling, bicycle racing
ciclón (m) tornado
científico (m) scientist
ciervo (m) deer, stag
cigarrillo (m) cigarette
cima (f) mountain peak
cine (m) cinema
cinta adhesiva (f) adhesive tape
cinta elástica para el cabello (f) elastic
cinta métrica (f) measuring tape
cinturón (m) belt
cinturón de plomo (m) weight belt
cinturón de seguridad (m) seat belt
circo (m) circus
ciruela (f) plum
ciruela amarilla (f) yellow plum
cirujano (m) surgeon
cistitis (f) inflammation of the bladder
cita (f) appointment
cita de negocios (f) business meeting
citología (f) swab
claustro (m) cloister
clavel (m) clove, carnation
clavícula (f) collarbone
clavo (m) nail
climatizador (m) air-conditioning
club nocturno (m) nightclub
coalición (f) coalition
cobre (m) copper
coche (m) car
coche-cama (m) sleeping car

coche-litera (m) sleeper
cocido cooked
cocido en el horno baked
cocina (f) kitchen
cocina / hornillo de gas (m) gas stove
cocina pequeña (f) kitchenette
cocina/hornilla eléctrica (f) electric range
cocinero (m) cook
coco (m) coconut
código postal (m) zip code
codo (m) elbow
codorniz (f) quail
col (f) cabbage
col blanco (f) white cabbage
col rizada (f) savoy cabbage
colaborador (m) collaborator
colador (m) strainer
colchón (m) mattress
colchón neumático (m) air mattress
coles de Bruselas (f) brussel sprouts
coliflor (f) cauliflower
colina (f) hill
collar (m) necklace
collar de perlas (m) pearl necklace
color (m) color
color del cabello (m) hair color
colorete (m) rouge
columna vertebral (f) spinal column
comedia (f) comedy
comer eat
comerciante (m) businessman
cometa (f) kite
comisión (f) commission
compañero de trabajo (m) colleague
compartimiento (m) compartment
comprar buy
con with
con dibujos patterned
con motas knobby
con mucho contraste high-contrast
con poco contraste low-contrast
concierto (m) concert
condado (m) county
condiciones de entrega (f) delivery terms

condiciones de pago (f) payment terms
condimento (m) spice
condominio (m) condominium
condón (m) condom
conejo (m) rabbit
conexión telefónica (f) telephone connection
conferencia (f) conference
conferencia de prensa (f) press conference
conmoción cerebral (f) concussion
conocer meet
conocido (m) acquaintance
consejo de administración (m) board of trustees
conservas (f) canned food
consigna (f) checkroom
consigna automática (f) locker
constitución (f) constitution
consulado (m) consulate
contable (m) bookkeeper
contaminación (f) pollution
contar tell
contestador automático (m) answering machine
contra reembolso COD
contrato (m) contract
contrato de compraventa (m) purchase contract
control de seguridad (m) security check
contusión (f) bruise
convención (f) convention
convento (m) cloister
cooperación (f) cooperation
corazón (m) heart
corbata (f) tie
corbata de pajarita (f) bowtie
corcho (m) cork
cordero (m) lamb
cordón (m) string
cordón eléctrico (m) electrical cord
cordón prolongador (m) extension cord
cordones (m) shoelaces
coro (m) choir
correa de pulsera (f) wristband
correa en cuña (f) v-belt
corrector (m) concealer
corredor (m) broker
correo aéreo (m) airmail
correo certificado (m) registered mail
correos (m) post office
corriente (f) current, power

cortina (f) curtain
corto short
cortocircuito (m) short circuit
costa (f) coast
costa rocosa (f) rocky shoreline
costilla (f) rib
costo (m) cost
creencia (f) denomination
creer believe
crema batida (f) whipped cream
crema de afeitar (f) shaving cream
crema para bebés (f) baby cream
crema para las manos (f) hand cream
crema para zapatos (f) shoe polish
cremallera (f) zipper
crespón (m) crepe
cripta (f) crypt
cristal de la ventana (m) window pane
cristianismo (m) Christianity
cristiano (m) Christian
cronómetro (m) stopwatch
croquetas (f) croquettes
cruce (m) crossroad
crucero (m) cruise
crudo raw
cruz (f) cross
cuaderno (m) notebook
cuaderno de anillos (m) loose-leaf notebook
cuadro (m) painting
cuadro de conexión manual (m) switchboard
cuándo when
cuánto how much
cuánto tiempo how long
cuarto (m) quarter
cuarto de aseo (m) washroom
cubierta (f) cover, deck
cubiertos (m) silverware
cubito de hielo (m) ice cube
cubo (m) hub, bucket
cubo de basura (m) garbage can
cubo de playa (m) sand pail
cubrecadenas (m) chainguard
cuchara (f) spoon
cucharilla (f) teaspoon
cucharón (m) stirring spoon

cuchillo (m) knife

cuchillo para carne (m) meat knife

cucurucho (m) ice cream cone

cuello (m) neck, collar

cuenta (f) bill

cuerda (f) rope

cuerda de trepar (f) climbing belt

cuerda para la ropa (f) clothesline

cuero (m) leather

cueva (f) cave

cuidado breve del niño (m) babysitting

cuidado del niño (m) child care

culata (f) cylinder head

cultura (f) culture

cuna de viaje (f) travelling crib

cuota de arriendo (f) rental fee

cúpula (f) dome

curso de cocina (m) cooking course

curso de idiomas (m) language course

curso de pintura (m) painting course

D

dar give

dardo (m) dart

dátiles (m) dates

de out (of)

de aplicación exterior external

de colores colored

de mucho cuerpo full-bodied

de nuevo again

deber must

débil weak

decir say

declaración (f) statement

declaración de aduana (f) customs declaration

decoración del cristal (f) glass painting

decorador (m) decorator

dedal (m) thimble

dedo (m) finger

dedo anular (m) ring finger

dedo del corazón (m) middle finger

dedo del pie (m) toe

dedo índice (m) forefinger

dedo meñique (m) pinkie

dedo pulgar (m) thumb

degustar taste

dejar let

delantal (m) apron

delito (m) crime

demasiado too much

democracia (f) democracy

dentadura postiza (f) denture

dentista (m) dentist

denuncia (f) complaint

departamento (m) department

departamento de extranjería (m) immigration authority

deporte (m) sport

depósito de equipaje (m) baggage room

deprimido (m) depressed

derecha right

derecho de recusación de declaración (m) right to remain silent

derrota (f) defeat

desayuno (m) breakfast

descenso (m) descent

descuento (m) rebate, discount

deshielo (m) thaw

deshollinador (m) chimney sweep

desierto (m) desert

desinfectante (m) disinfectant

desmayado unconscious

desodorante (m) deodorant

despejo (m) clearing

despertador (m) alarm clock

después afterward

destapador (m) bottle opener

destellador (m) flasher

destinatario (m) recipient

destornillador (m) screwdriver

desvalijar rob

detergente (m) dishwashing liquid

detergente para lavadora (m) laundry detergent

devolución del equipaje (f) baggage claim

día (m) day

día de llegada (m) date of arrival

día de salida (m) date of departure

diabetes (f) diabetes

diamante (m) diamond

diariamente daily

diarrea (f) diarrhea

diccionario (m) dictionary

diciembre December

diente (m) tooth

diésel/dieseloil (m) diesel

difteria (f) diphteria

dínamo (m) dynamo

dinero (m) money

dinero suelto (m) change

diputado (m) representative

dirección (f) steering, address

director (m) manager

disco duro (m) hard disk

discoteca (f) disco, discotheque

disposiciones aduaneras (f) customs regulations

distensión (f) strain

distribuidor (m) distributor

DIU (m) intra-uterine device

divertido amusing

divisa (f) currency

doble piso (m) double-decker

docena (f) dozen

documento de identidad (m) ID

dolor (m) pain

dolor abdominal (m) stomachache

dolor de cabeza (m) headache

dolor de espalda (m) backache

dolor de estómago (m) stomachache

dolor de garganta (m) sore throat

dolor de muelas (m) toothache

dolores de costado (m) stitch in the side

domingo (m) Sunday

dónde where

dorada (f) golden bream

dormitorio (m) bedroom

double cubierta (f) double-decker

drama (m) drama

drogas (f) drugs

ducha (f) shower

dulce sweet

dulces (m) candies

dulcificante (m) sweetener

duna (f) dune

durante el día during the day

E

economía (f) economy
economista (m) economist
edad media (f) Middle Ages
edificio (m) building
editorial (f) publishing house
eje delantero (m) front axle
eje trasero (m) rear axle
ejercicios aeróbicos (m) aerobics
ejército (m) army
elástico (m) elastic
elecciones (f) elections
electricidad (f) electricity
electricista (m) electrician
embajada (f) embassy
embarazada pregnant
embarazo (m) pregnancy
embarcadero (m) jetty
embrague (m) clutch
embudo (m) funnel
embutido (m) sausage
emergencia (f) emergency
empanado breadcrumb-fried
empaste (m) filling
empleado (m) employee
empresario (m) entrepreneur
en at, on, in
en blanco y negro black-and-white
en lista de correos general delivery
enagua (f) slip
enamorarse fall in love
encendedor (m) lighter
encendido (m) ignition
encendido defectuoso (m) backfire
enchufe (m) plug
encía (f) gum
encontrar find
encrucijada (f) crossroad
eneldo (m) dill
enero January
enfermedad viral (f) viral illness
enfermera (f) nurse
enfermero (m) male nurse
enfermo sick
enfriador (m) coolant
engañar cheat, deceive
engranaje (m) gear
enjuagar rinse
enojado angry
ensalada (f) salad
ensalada de lechuga (f) green salad

ensalada mixta (f) mixed salad
entender understand
entonces then
entrada (f) entrance
entreacto (m) intermission
eperlano (m) smelt
equilibrio (m) balance
equipaje (m) luggage, baggage
equipaje de mano (m) hand baggage
equipo estéreo (m) stereo system
equitación (f) horseback riding
equivocado wrong
erizo de mar (m) sea urchin
escala (f) stopover
escalera de mano (f) ladder
escalera mecánica (f) escalator
escaleras (f) stairways
escalofrío (m) chill
escalope (m) deep-fried cutlet
escalope / escalopa (m,f) scallop
escáner (m) scanner
escoba (f) broom
escobilla limpiapipas (f) pipe cleaner
escorzonera (f) viper's grass
escribir write
escritorio (m) desk
escuchar listen
escuela pública (f) public school
escultura (f) sculpture
escurreplatos (m) dishrack
ese, esa that one, that
esmalte de uñas (m) nail polish
esmoquin (m) tuxedo
esnórquel (m) snorkel
espaguetis (m) spaghetti
espárrago (m) asparagus
espátula (f) putty knife
especialista (m) specialist
espejo (m) mirror
espejos exteriores (m) sideview mirrors
espiga (f) ear of grain
espinaca (f) spinach
espléndido gorgeous
esponja (f) sponge
esposa (f) wife
esquí (m) ski
esquí a campo traviesa (m) cross-country skiing

esquí acuático (m) water-skiing
esquí alpino (m) downhill skiing
esquiar skiing
estaca (f) tent peg
estación de ferrocarril (f) railway station
estación de policía (f) police station
estación final (f) last stop
estacionamiento (m) parking place
estadio (m) stadium
Estados Unidos United States
estafador (m) swindler
estambre (m) worsted
estampilla (f) stamp
estanco (m) tobacco store
estanque (m) pond
estatua (f) statue
éste, ésta this one
estilo románico (m) romanesque
estofado braised
estómago (m) stomach
estragón (m) tarragon
estrecho narrow
estrella marina (f) starfish
estreñimiento (m) constipation
estribor (m) starboard
estropajo (m) kitchen rag
estuche para gafas (m) glasses case
estudiante (m) student
estupefacientes (m) dope
estupendo great
etiqueta (f) label
excavaciones (f) excavations
excelente outstanding, excellent, super
exceso de equipaje (m) excess baggage
excursión por la costa (f) shore excursion
excursionismo (m) hiking
excusado (m) restroom
exento de derechos de aduana duty-free
experto de informática (m) computer expert
exportación (f) export
exposición (f) exhibition
exposímetro (m) exposure meter
expositor (m) exhibitor
exprés (m) espresso
exprimidor (m) lemon squeezer
extranjero (m) foreigner

F

fábrica (f) factory
fabricante (m) manufacturer
factura (f) invoice
faisán (m) pheasant
falda (f) skirt
fantástico fantastic
farmacéutico (m) druggist
farmacia (f) pharmacy, drugstore
faro (m) lighthouse
faro del automóvil (m) headlight
fax (m) fax
febrero February
fecha (f) date
feo ugly
feria (f) fair
ferretería (f) hardware
ferrocarril (m) railroad
festival (m) festival
fianza (f) security, deposit
fibra sintética (f) synthetic fiber
fiebre (f) fever
fieltro (m) felt
fijador (m) fixative
fijador para el cabello (m) hair-setting lotion
filete de lomo (m) loin steak
filete de solomillo (m) fillet steak
filología inglesa (f) English language and literature
filosofía (f) philosophy
filtro de pipa (m) pipe filter
filtro del aceite (m) oil filter
fin de semana (m) weekend
finanza (f) finance
firma (f) signature
fiscal (m) district attorney
física (f) physics
flan de manzanas (m) apple flan
flash (m) flashbulb
flatulencia (f) flatulence
floristería (f) florist
flotador (m) swimming ring
folklore (m) folklore
folleto (m) brochure
formato (m) format
forro del freno (m) brake lining
fortaleza (f) fortress
fósforo (m) match
fotógrafo (m) photographer

fractura del hueso (f) fracture
frambuesas (f) raspberries
franela (f) flannel
franqueo (m) postage
frenar brake
freno (m) brake
freno de emergencia (m) emergency brake
freno de mano (m) hand brake
freno de tambor (m) drum brake
fresa (f) strawberry
fresco (m) mural
frijol (m) wax-bean
frío cold
friso (m) frieze
frito fried
frustrado frustrated
fruta (f) fruit
frutería (f) fruit stand
fuego (m) fire
fuera de temporada (f) off season
fuerte strong
fumar smoke
funcionario (m) civil servant
funda dental (f) crown
funicular (m) cable railway
furúnculo (m) boil
fusible (m) fuse
fútbol (m) soccer

G

gafas de buceo (f) diving goggles
gafas para el sol (f) sun glasses
gafas para nadar (f) swimming goggles
galería (f) gallery
galería de arte (f) art gallery
galería del coro (f) choir loft
galleta (f) cracker, cookie
galleta dulce (f) rusks, zwieback
gallina (f) chicken
gallina de Guinea (f) guinea fowl
gallineta (f) red perch
gallo (m) rooster
gambas (f) prawn
gamuza (f) suede
ganso (m) goose
garaje (m) garage
garaje de estacionamiento (m) parking garage

garantía (f) guarantee
garbanzo (m) chick-pea
garrapiñado glazed
gas butano (m) butane gas
gasolina (f) gas
gasolina normal (f) regular gas
gasolina súper (f) extra (gas)
gasolinera (f) gas station
gasto (m) expense
gastos adicionales (m) extra costs
gastos de transporte (m) freight charges, transportation costs
gato (m) cat, jack
gemelos (m) cufflinks
geología (f) geology
gerente (m) manager
gimnasia (f) gymnastics
ginecólogo (m) gynecologist
girasol (m) sunflower
giro (m) transfer
giro postal (m) remittance, money order
gis (m) crayon
gis de acuarela (m) watercolor crayon
globo (m) balloon
globo de aire caliente (m) hot-air balloon
gobierno (m) government
golf (m) golf
goma de borrar (f) eraser
gorra (f) cap with visor
gorro (m) cap
gorro de baño (m) bathing cap
gotas para los oídos (f) eardrops
gótico Gothic
grabación digital (f) digital recording
grabador de casete (m) cassette recorder
grabadora de CDs (f) CD-writer
gracias thank you
gramo (m) gram
granada (f) pomegranate
grande large
granizo (m) hail
granja (f) farm
grapas (f) paper clips
grifo (m) faucet
gripe (f) flu
gris gray
grosella silvestre (f) gooseberry

grosellas (f) currants
grupo sanguíneo (m) blood type
guante para la ducha (m) face mitt
guantera (f) glove compartment
guantes (m) gloves
guardabarros (m) fender, mudguard
guardarropa (m) cloakroom
guarniciones (f) side dishes
guía de viajes (f) guidebook
guía telefónica (f) telephone book, telephone directory
guisante (m) pea
guisar stew
gulasch (m) goulash
gustar like

H

habichuelas (f) beans
habichuelas blancas (f) white beans
habitación (f) room
habitación doble (f) double room
habitación en casa de huéspedes (f) guesthouse room
hablar speak
hacer do
hacer transbordo transfer
hacha de hielo (m) ice ax
hamaca (f) hammock
hambre (m) hunger
haragán (m) loafer
harina (f) flour
haya (m) beech
helada (f) frost
helado (m) ice cream
hemorragia (f) hemorrhage
hemorragia nasal (f) nosebleed
heno (m) hay
herida (f) wound
herida por corte (f) gash
herir injure
hermana (f) sister
hermano (m) brother
hermoso beautiful
herramienta (f) tool
hibisco (m) hibiscus
hidropatín (m) pedal boat
hielo (m) ice
hielo resbaladizo (m) sheet ice
hígado (m) liver
higo (m) fig

higo chumbo (m) cactus fruit
hija (f) daughter
hijo (m) son
hilo (m) thread
hinchado swollen
hinchazón (f) swelling
hinojo (m) fennel
hipermétrope far-sighted
hipertensión (f) high blood pressure
hipogloso (m) halibut
historia (f) history
hockey sobre hielo (m) ice hockey
hoja de laurel (f) bay leaf
hojas de afeitar (f) razor blades
holgado loose
hombro (m) shoulder
hongo (f) mushroom
honorario (m) fee
hora (f) hour
hora de llegada (f) arrival time
hora de salida (f) departure time
horario (m) schedule, timetable
horario de consulta (m) office hours
horario de vuelo (m) flight schedule
horarios de apertura (m) open hours
horas de trabajo (f) working hours
horquilla de rueda delantera (f) front wheel fork
horquillas (f) hairpins
horrible dreadful
hospital (m) hospital
hotel (m) hotel
hoy today
hueso (m) bone
hueva de pescado (f) roe
huevo duro (m) hard-boiled egg
huevo escalfado (m) poached egg
huevo frito (m) fried egg
huevo pasado por agua (m) soft-boiled egg
huevo revuelto (m) scrambled egg
humedad (f) humidity
huracán (m) hurricane

I

ictericia (f) jaundice
iglesia (f) church

imán (m) magnet
imperdible (m) safety pin
impermeable (m) raincoat, waterproof
importación (f) import
impresionante impressive, awesome
impreso (m) printed matter, printed
impresora láser (f) laser printer
impresora por chorro de tinta (f) inkjet printer
impuesto (m) tax
inarrugable wrinkle-free
inclinación (f) gradient
indicador de gasolina (m) fuel guage
industria (f) industry
infarto cardíaco (m) heart attack
infección (f) infection
inflamación (f) inflammation
información (m) information
ingeniero (m) engineer
iniciativa cívica (f) citizens' initiative
inmigración (f) immigration
inquietante uncanny
insecticida (m) insecticide
insignia (f) badge
insolación (f) sunstroke
inspección aduanera (f) customs check
inspector (m) ticket inspector
instructor de esquí (m) ski instructor
instrumentos para pipa (m) pipe implements
insulina (f) insulin
intermitente (m) turn signals
intermitentes de emergencia (f) emergency flashers
internet (m) internet
internista (m) internist
interno internal
intérprete (m) interpreter
interruptor de luz (m) light switch
intestino (m) intestine
intoxicación (f) poisoning
inundación (f) flood
inusual unusual
inversión (f) investment
invierno (m) winter
invitación (f) invitation
inyección (f) injection

inyector de combustible
(m) fuel injector pump
ir go
izquierda left

J
jabalí (m) boar
jabón (m) soap
jamón (m) ham
jaqueca (f) migraine
jarabe (m) syrup
jarabe para la tos (m)
cough syrup
jardín (m) garden
jardín botánico (m) botanical gardens
jardinero (m) gardener
jarra (f) mug
jarrita para crema (f)
creamer
jazz (m) jazz
jefe de departamento (m)
department head
jengibre (m) ginger
jeringa (f) syringe
jeringa desechable (f) disposable needle
jogging (m) jogging
joven young
joyero (m) jeweler
jubilado (m) retired person
judías (f) kidney beans,
bush-beans
judías verdes (f) green
beans, string beans
judío (m) Jew
jueves Thursday
juez (m) judge
jugador de defensa (m)
quarterback
jugo de fruta (m) fruit juice
jugo de manzana (m) apple
juice
jugo de naranja (m) orange
juice
jugo de uva (m) grape juice
juguete (m) toy
juguetería (f) toy store
julio July
junio June
junta (f) gasket

K
kárate (m) karate
kayak (m) kayak
kilo (m) kilo
kilómetro (m) kilometer
kilómetro cuadrado (m)
square kilometer
kiwi (m) kiwi fruit

L
labio (m) lip
laca (f) hairspray
ladrón (m) thief
lago (m) lake
lámpara (f) lamp
lámpara de querosén (f)
kerosene lamp
lana (f) wool
lancha inflable (f) rubber
dinghy
langosta (f) lobster
langostino (m) crawfish
lápiz (m) pencil
lápiz de cejas (m) eyebrow
pencil
lápiz de color (m) colored
pencil
lápiz de labios (m) lipstick
largo long
lata (f) can
lata de gasolina (f) gas can
laurel (m) laurel
lavabo (m) washbasin
lavado con agua caliente
(m) hot-water wash
lavadora (f) washing machine
lavandería (f) laundromat
lavaplatos (m) dishwasher
laxante (m) laxative
leche (f) milk
lechón (m) suckling pig
lechuga (f) lettuce
lector de CD (m) CD player
lector DVD (m) DVD player
leer read
lejos far
lengua (f) tongue
lenguado (m) flounder,
sole
lente (m) lens
lente de contacto (f) contact lens
lentejas (f) lentils
lento slow
lesión (f) injury
ley (f) law
libra (f) pound
librería (f) bookstore
librero (m) bookseller
libro de cocina (m) cookbook
libro de documentación
(m) non-fiction
libro ilustrado (m) picture
book
libro infantil (m) children's
book
libro técnico (m) technical
book

**licencia de navegación de
vela** (f) sailing licence
licencia submarinista (f)
diving license
licor (m) liqueur
licorería (m) liquor store
liebre (f) hare
lienzo (m) canvas
lila purple
lima (f) lime
lima para uñas (f) nail file
limón (m) lemon
limpiaparabrisas (m) windshield wiper
limpieza (f) cleaning
limpieza en seco (f) drycleaning
línea telefónica (f) telephone line
lino (m) linen
linterna (f) flashlight
líquido del freno (m) brake
fluid
lisa (f) mullet
literatura (f) literature
litro (m) liter
llamada de cobro revertido
(f) collect call
llamada de larga distancia
(f) long-distance call
llamada local (f) local call
llamada telefónica (f)
phone call
llanta (f) tube
llave (f) wrench, key
llave de tuercas (f) wrench
llegada (f) arrival
lleno full
llover rain
llovizna (f) drizzle
lluvia (f) rain
loción para el cuerpo (f)
body lotion
locomotora (f) locomotive
lombarda (f) red cabbage
lomo (m) saddle (of lamb),
loin
lubina (f) sea bass
lucha (f) wrestling
lucio (m) pike
lugar (m) place
lugar natal (f) birthplace
lugar turístico (m) vacation
spot
lumbago (m) lumbago
lunes (m) Monday
luneta trasera (f) rear
windshield
lupa (f) magnifying glass
luxación (f) sprain
luz (f) light

luz de parada (f) brake light
luz delantera (f) headlight
luz intermitente (f) blinker, flasher
luz trasera (f) taillight

M

macarrones (m) macaroni
madre (f) mother
maestro (m) master, teacher
magnífico splendid
maíz (m) corn
maleta (f) suitcase
maletero (m) trunk
maletín (m) briefcase
malo bad
mañana tomorrow
manantial (m) mountain spring
mandarina (f) tangerine
mandíbula (f) jaw
mando a distancia (m) remote control
manecilla (f) hands
manga (f) sleeve
mango (m) mango
manguera (f) hose
manillar (m) handlebars
mano (f) hand
manta (f) blanket
manta eléctrica (f) electric blanket
mantel (m) tablecloth
mantequilla (f) butter
manzana (f) apple
mapa (m) map
mapa de la ciudad (m) map of the city
máquina de afeitar (f) razor
máquina tragamonedas (f) slot machine
mar (m) sea
maravilloso terrific
marca (f) brand
marca de fábrica (f) trademark
marco para diapositivas (m) slide frame
marea alta (f) high tide
marea baja (f) low tide
mareado seasick
marejada (f) swell
margarina (f) margarine
margarita (f) daisy
marido (m) husband
marinero (m) sailor
mariscos (m) shellfish
marketing (m) marketing

martes Tuesday
martillo (m) hammer
marzo March
más more
más tarde later
más temprano earlier
matamoscas (m) fly swatter
mate matte
material (m) material
mayo May
mayonesa (f) mayonnaise
mecánico (m) mechanic
mecánico de automóviles (m) motor vehicle mechanic
mechado larded
mechón (m) strand
media luna (m) croissant
media pensión (f) half board
medianoche (f) midnight
medias (f) tights
medicamento (f) medication
medicina (f) medicine
médico (m) doctor
medieval medieval
medio half, medium
mediodía (m) noon
medusa (f) jellyfish
mejillón (m) mussel
mejorana (f) marjoram
melocotón (m) peach
melón (m) melon
membrete (m) letterhead
membrillo (m) quince
memoria principal (f) RAM
mendigo (m) panhandler
menta (f) mint
menú (m) menu
mercader (m) merchant
mercado (m) market
mercería (f) dry goods
merluza (f) sea pike
mermelada (f) jam
mes (m) month
mesa (f) table
mesa plegable (f) folding table
mesita de noche (f) night table
metro (m) subway, meter
metro cuadrado (m) square meter
metro plegable (m) measuring stick
mezclado mottled
microfibra (f) microfiber
microondas (m) microwave
miel (f) honey
miércoles Wednesday

mierda (f) shit
mil millones billion
milímetro (m) millimeter
minibar (m) minibar
minuto (m) minute
miope short-sighted
misa (f) church service
mismo same
misterio (m) mystery
mitad half
moca (m) mocha
mochila (f) backpack
moda (f) fashion
módem (m) modem
molesto annoyed
molinillo de café (m) coffee grinder
mollejas (f) sweetbread
mondongo (m) tripe
moneda (f) coin
monedero (m) purse
mono cute
monoesquí (m) snowboard
montaña (f) mountain
monumento (m) monument
moras (f) mulberries
mordedura (f) bite
mosquitero (m) mosquito net
mostaza (f) mustard
motel (m) motel
motolancha (f) motorboat
motor (m) motor
motor de arranque (m) starter
móvil (m) cellular
mozo de estación (m) porter
mucho much
muchos many
muebles (m) furniture
muela del juicio (f) wisdom tooth
muelle (m) dock
muñeca (f) wrist
músculo (m) muscle
museo (m) museum
música (f) music
musical (m) musical
músico (m) musician
muslo (m) thigh
musulmán (m) Muslim
muy very

N

nabicol (f) rutabaga
nabos (m) turnips
nabos rojos (m) red beets
nada nothing
nadaderas (f) water wings
nadadores swimmers

naipes (m) playing cards
naranja (f) orange
narciso (m) narcissus
nariz (f) nose
nata (f) cream
nata ácida (f) sour cream
náusea (f) nausea
navaja (f) jacknife, pocket knife
nave (f) nave
nave central (f) center nave
nave lateral (f) side aisle
nave transversal (f) transept
navegación de vela (f) sailing
Navidad (f) Christmas
negociación (f) negotiation
negro black
nervio (m) nerve
neumático (m) tire
nevar snow
nevera (f) insulated bag, cooler
niebla (f) fog
nieto (m) grandson
nieve (f) snow
nieve granizada (f) sleet
nieve-polvo (f) powder (snow)
niños (m) children
níspero (m) medlar
nivel de dificultad (m) degree of difficulty
no no
no nadadores non-swimmers
no necesita plancha no ironing
Noche Vieja (f) New Year's eve
notario (m) notary
noticias (f) news
novela corta (f) short novel
novela policíaca (f) detective novel
novia (f) fiancée
noviembre (m) November
novio (m) fiancé
nube (f) cloud
nublado cloudy
nudo (m) knot
nueces del Brasil (f) Brazil nuts
nuera (f) daughter-in-law
nuevo new
nuez (f) nut, walnut
nuez moscada (f) nutmeg
número de casa (m) street number
número de la habitación (m) room number

número de teléfono (m) telephone number
número de vuelo (m) flight number
número del vagón (m) car number
número secreto (m) PIN

O
o or
objetos de valor (m) valuables
obrero (m) worker
obrero especializado (m) skilled worker
obtener get
océano (m) ocean
octubre (m) October
ocupado occupied
oferta (f) offer
oficial (m) official
oficina de cambio (f) exchange bureau
oficina de objetos perdidos (f) lost-and-found office
oír hear
ojo (m) eye
ola (f) wave
oleaje (m) surf
oler smell
olla (f) pot
olvidar forget
opaco dull
ópera (f) opera
operación (f) operation
opereta (f) operetta
opinión (f) opinion
óptica (f) eyewear store
orégano (m) oregano
oreja (f) ear
orinal de cama (m) bedpan
ornitología (f) ornithology
oro (m) gold
orquídea (f) orchid
ortodoncista (m) orthodontist
oscuro dark
ostra (f) mussel, oyster
otoño (m) autumn
otorrinolaringólogo (m) ear, nose and throat specialist
otros, otras other
oveja (f) sheep
ozono (m) ozone

P
pabellón (m) hall
pacana (f) pecan nut
padre (m) father
páginas amarillas (f) yellow pages

pago en efectivo (m) cash payment
paisaje (m) landscape
paja (f) straw
pala (f) shovel
pala de basura (f) dustpan
palanca del cambio (f) gearshift
paleta (f) palette
palo de la tienda (m) tent pole
paloma (f) pigeon
palos de golf (m) golf clubs
pan (m) bread
pan blanco (m) white bread
pan centeno (m) rye bread
pan con comino (m) caraway seed bread
pan integral (m) wholewheat bread
pan negro (m) black bread
pan tostado (m) toast
pana (f) corduroy
panadería (f) bakery
panadero (m) baker
pañal (m) diaper
panecillo (m) roll
panqueque (m) pancake
pantalla (f) screen
pantalón corto (m) shorts
pantalones (m) pants
pantano (m) swamp
pantorrilla (f) calf
pañuelo de papel (m) tissue
papa / patata (f) potato
papas fritas (f) fried potatoes, french fries
papaya (f) papaya
papel (m) paper
papel de aluminio (m) aluminum foil
papel de cartas (m) stationery
papel de regalo (m) gift wrap
papel higiénico (m) toilet paper
papel para acuarela (m) watercolor paper
papel para envolver (m) wrapping paper
papelera (f) wastepaper basket
papelería (f) office supplies
papeles del coche (m) car documents
paperas (f) mumps
papilla de avena (f) oatmeal, porridge

paquete (m) parcel
paquete pequeño (m) small parcel
par (m) pair
para for
parabrisas (m) windshield
paracaidismo (m) sky diving
parachoques (m) bumper
parada (f) stopover, stop
paraguas (m) umbrella
parálisis (f) paralysis
paramédico (m) paramedic
parasol (m) lens shade
parca (f) windbreaker
parlamento (m) parliament
párpado (m) eyelid
parque (m) park
parque infantil (m) children's playground
parque natural (m) nature park
parque zoológico (m) zoo
párrafo (m) paragraph
parrilla (f) grill
parte trasera (f) rear
partera (f) midwife
pasa (f) raisin
pasado mañana day after tomorrow
pasador (m) barrette
pasaje (m) plane ticket
pasajero (m) passenger
pasaporte (m) passport
Pascua (f) Easter
pasear ride
pasillo (m) aisle
pasionaria (f) passion fruit
paso (m) pass
pasta (f) noodles
pasta dentífrica (f) toothpaste
pastel (m) pastel, cake
pastelería (f) pastry shop
pasteles (m) pastries
pastilla para dolor de cabeza (f) headache pill
pastillas para dormir (f) sleeping pills
pastillas para la garganta (f) cough drops
patatas dulces (f) sweet potatoes
patillas (f) sideburns
patín (m) skate
patinaje sobre hielo (m) ice-skating
patinar rollerblading
patines (m) rollerblades
patines de hielo (m) ice skates

patio (m) backyard
pato (m) duck
pavo (m) turkey
pedal (m) pedal
pediatra (m) pediatrician
pedir order
pegamento (m) glue
peine (m) comb
peletería (f) fur shop
película (f) movie, film
película transparente (f) plastic wrap
pelo (m) hair
pelota (f) ball
pelota de fútbol (f) soccer ball
pelota de golf (f) golf ball
pelota de ping-pong (f) ping-pong ball
pelota de tenis (f) tennis ball
peluca (f) wig
peluquero (m) hairdresser
pendiente (m) pendant
pendientes (m) earrings
pensar think
pensión completa (f) full board
Pentecostés (m) Whitsun
pepino (m) cucumber
pequeño small
pera (f) pear
perca (f) perch
percha (f) hanger
pérdida (f) loss
perdiz (f) partridge
perdón sorry
peregrino (m) pilgrim
perejil (m) parsley
perfume (m) perfume
perfumería (f) perfumery
perifollo (m) chervil
periódico (m) newspaper
periodista (m) journalist
perla (f) pearl
permanente (f) perm
permiso para pescar (m) fishing license
perro (m) dog
persiana (f) shutter
persona madura (f) senior citizen
pesa (f) weight
pesa/haltera (f) dumbbell
pesca (f) fishing
pescadería (f) fish store
pescado (m) fish
peso (m) weight
pez azul (m) bluefish
pez espada (m) swordfish
pezón (m) nipple

picadillo (m) meatloaf
picado ground, chopped
picadura de insecto (f) insect bite
picante tangy
pie (m) foot
piel (f) skin
piel sintética (f) artificial leather
pierna (f) leg, round steak, lower leg
piezas de recambio (f) spare parts
pijama (m) pajamas
pila bautismal (f) font
pimentón (m) pepper
pimienta (f) pepper
pimiento (m) green pepper
piña (f) pine cone, pineapple
pincel (m) paintbrush
ping-pong (m) ping-pong, table tennis
piñón (m) pine nut
pintor (m) painter
pintura (f) painting
pintura al óleo (f) oil paints
pinturas al pastel (f) pastels
pinza de ropa (f) clothespin
pinzas (f) tweezers
pipa (f) pipe
piragua (f) canoe
piragüismo (m) canoeing
piscina (f) swimming pool
piso (m) floor
pista de esquí (f) ski run
pistache (m) pistachio
pistón (m) piston
placa de identificación (f) name badge
plancha (f) iron
planetario (m) planetarium
plata (f) silver
plátano (m) banana
platija (f) flounder
platino (m) platinum
plato (m) dish, plate
plato hondo (m) bowl
platos de huevos (m) egg dishes
playa (f) beach
playa arenosa (f) sandy beach
playa de arena gruesa (f) pebble beach
playa privada (f) private beach
plaza (f) square
plazo (m) deadline
plazo de entrega (m) time of delivery

plomada (f) sinker
plomero (m) plumber
pluma fuente (f) fountain pen
poco little, few
poco asado browned
poder be able, can
policía (f) police, policeman
política (f) politics
pollo (m) chicken
pollo asado (m) grilled chicken
polluelo (m) chick
polo acuático (m) water polo
polvo de maquillaje (m) compact
pomada para las quemaduras (f) ointment for burns
pomelo (m) pomelo
popa (f) stern
popelina (f) poplin
por through, for
por eso therefore
por favor please
por la mañana in the morning
por la noche at night
por la tarde in the afternoon, in the evening
por qué why
porque because
portal (m) main entrance
postre (m) dessert
pozo (m) well
prado (m) meadow
precio (m) price
precio con descuento (m) discount price
precio de compra (m) purchase price
precipicio (m) cliff
preferentemente preferably
prefijo (m) area code
preguntar ask
prensa (f) press
presa (f) dam
presentar introduce
presidente (m) chairman, president
presión alta (f) high pressure
pretemporada (f) pre-season
primavera (f) spring
primero first
primo (m) cousin
principiante (m,f) beginner
prisión (f) prison
prismáticos (m) binoculars

proa (f) bow
probar try on
procesador (m) processor
procesión (f) procession
proceso (m) trial
producción (f) production
productos de limpieza (m) cleaning products
productos lácteos (m) dairy products
profesor (m) professor
profundo deep
programa para lavado de ropa delicada (m) gentle wash
programador (m) programmer
propano (m) propane
propina (f) tip
prostituta (f) prostitute
protección solar (f) sunblock
protestante (m) Protestant
proveedor (m) supplier
prueba del embarazo (f) pregnancy test
psicología (f) psychology
psicólogo (m) psychologist
psiquiatra (m) psychiatrist
puente (m) bridge
puente dental (m) dental bridge
puerro (m) leek
puerta (f) door
puerto (m) harbor
puesta del sol (f) sunset
pularda (f) young fattened hen
pulmón (m) lung
pulmonía (f) pneumonia
púlpito (m) pulpit
pulpo (m) octopus
pulsera (f) bracelet
puños (m) cuffs
punto de encuentro (m) meeting place
puré (m) mashed potatoes
puritos (m) cigarillos
puros (m) cigars

Q . . . .
qué what
quemadura (f) burn
quemadura por el sol (f) sunburn
querido darling
queso (m) cheese
queso de leche de cabra (m) goat's milk cheese
queso de leche de oveja (m) sheep's milk cheese
quién who

química (f) chemistry
químico (m) chemist
quingombó (m) okra
quinqué (m) hurricane lamp
quiosco (m) newsstand
quitaesmalte (m) nail polish remover
quitamanchas (m) stain remover

R . . . .
rábano (m) radish
rábano picante (m) horseradish
rabo (m) tail
radiador (m) radiator
radio (f) radio
radiografía (f) X-ray
raíz (f) root (of the tooth)
rape (m) anglerfish
rápido fast
raqueta de ping-pong (f) ping-pong racket
raqueta de tenis (f) tennis racket
raquetas de badminton (m) badminton rackets
raro strange
rascacielos (m) skyscraper
raso (m) satin
rastro (m) flea market
raya (f) ray, part (hair)
raya mediana (f) center part
rayo (m) spoke (wheel)
readaptación profesional (f) retraining
recepción (f) reception
recibo (m) receipt
recomendar recommend
recorrido por el puerto (m) harbor tour
reducción (f) reduction
reflector (m) reflector
refresco (m) soft drink
refrigerador (m) refrigerator
refugiado político (m) political refugee
refugio (m) mountain hut
regadera (f) watering can
regalo (m) gift
regata (f) regatta
regional regional
registro (m) reception desk
regla (f) ruler
rehogado steamed
reino (m) kingdom
relámpago (m) lightning
relieve (m) relief

religión (f) religion
relleno stuffed
reloj (m) watch
reloj de buzo (m) diving watch
reloj de pared (m) wall clock
reloj de pulsera (m) watch
relojero (m) watchmaker
remar rowing
remitente (m) sender
remolcar tow
remos (m) oars
reparar repair
repetir repeat
reportaje (m) report
representante (m) representative
requesón (m) curd
reserva (f) reservation
reservar reserve
resfriado (m) cold
responsabilidad (f) liability
restaurante (m) restaurant
restos (m) remains
retardador de disparo (m) automatic shutter release, self-timer
retraso (m) delay
retrovisor (m) rearview mirror
reumatismo (m) rheumatism
revisor (m) conductor
revista (f) magazine
revuelto stirred
rímel (m) mascara
riñón (m) kidney
río (m) river
rizador (m) curler
rizo (m) curl
robar steal
roble (m) oak
robo (m) theft
rodaballo (m) turbot
rodilla (f) knee
rodillo (m) rolling pin
rojo red
romántico romantic
romero (m) rosemary
romper break
ropa de color (f) colored laundry
ropa interior (f) underwear
rosa (f) rose
rosado pink
rosbif (m) roast beef
rosetón (m) rosette
rotulador (m) felt tip pen
rubeola (f) German measles

rueda (f) wheel
rueda de recambio (f) spare wheel
rugby (m) rugby
ruibarbo (m) rhubarb
ruina (f) ruin

S ....
sábado Saturday
sábana (f) bed sheet
saber know
sabor (m) flavor
sacacorchos (m) corkscrew
sacapuntas (m) pencil sharpener
sacerdote (m) minister, priest
saco de dormir (m) sleeping bag
sacristía (f) sacristy
sal (f) salt
sala (f) living room
sala de conciertos (f) concert hall
sala de espera (f) waiting room
salida (f) exit, gate, takeoff, departure
salida de emergencia (f) emergency exit
salida del sol (f) sunrise
salir de excursión hike
salmón (m) salmon
salmón ahumado (m) smoked salmon
salmonela (f) salmonella
salón de belleza (m) beauty salon
salpullido (m) rash
salsa de soja (f) soy sauce
saludo (m) greeting, salutation
salvavidas (m) life preserver, life guard
salvia (f) sage
sandalias (f) sandals
sandía (f) watermelon
sangramiento (m) bleeding
sangre (f) blood
santuario (m) sanctuary
sarampión (m) measles
sarcófago (m) sarcophagus
sardina (f) sardine
sartén (f) frying pan
sastre (m) tailor
saúcos (m) elderberries
sauna (f) sauna
secador (m) hairdryer
secadora (f) clothes dryer, dryer
secar con secador blow-dry

sección de fumadores smoking section
sección de no fumadores non-smoking section
seco dry
secuoya (f) sequoia
sed (f) thirst
seda (f) silk
seda dental (f) dental floss
sedal (m) fishing line
sedante (m) tranquilizer, sedative
segadora-trilladora (f) harvester
segundo (m) second
seguro (m) insurance
selección directa (f) direct dialling
sello (m) stamp
semáforo (m) traffic light
semillas de girasol (f) sunflower seeds
sémola (f) semolina
señal de línea libre (f) dial tone
señal de línea ocupada (f) busy signal
sendero (m) footpath
sendero de ascención (m) climbing path
seno (m) breast
sentir feel
septiembre (m) September
servicio de atención al cliente (m) customer service
servicio de averías (m) breakdown assistance
servicio de grúa (m) towing service
servicio de habitaciones (m) room service
servicio de playa (m) beach patrol
servicio público (m) public service
servilleta (f) napkin
servilletas de papel (f) paper napkins
sesión judicial (f) legal proceedings
si if
sí yes
siempre recto straight ahead
sierra (f) saw
silla (f) chair
silla de cubierta (f) deck chair
silla de niños (f) highchair
silla de ruedas (f) wheelchair

silla plegable (f) folding chair
sillín (m) saddle
sillón (m) armchair
sin without
sin plomo unleaded
sinagoga (f) synagogue
sobre (m) envelope, on
sobrina (f) niece
sobrino (m) nephew
socio (m) business partner
soda (f) soda
sol (m) sun
sollo (m) sturgeon
sólo only
soltero single
sombra (f) shadow
sombra de ojos (f) eye-shadow
sombrero (m) hat
sombrilla (f) sun umbrella, parasol
sopa (f) soup
sopa de fideos (f) noodle soup
sopa de verdura (f) vegetable soup
sostén (m) brassiere
sotavento leeward
squash (m) squash
submarinismo (m) diving
suceso (m) event
suegra (f) mother-in-law
suegro (m) father-in-law
suela (f) sole
suela de cuero (f) leather sole
suela de goma (f) rubber sole
suéter (m) sweater
suficiente enough
suite (f) suite
sujetapapeles (m) paper clips
sujeto a derechos de aduana dutiable
suministro de agua (m) water supply
supermercado (m) supermarket
suplemento del billete (m) surcharge
surf (m) surfing
surtidor de gasolina (f) gas pump
sustituto del azúcar (m) sugar substitute

T . . . .
tabaco (m) tobacco
tabla de patín (f) skateboard

tabla de planchar (f) ironing board
tabla de surf (f) surfboard
tacómetro (m) rev counter
tacón (m) heel
taladradora (f) drill
tallarines (m) flat noodles
talón (m) heel
tamaño (m) size
tamarindo (m) tamarind
tampones (m) tampons
tanque (m) tank
tapón (m) stopper, plug
taquilla (f) ticket counter
tarde late
tarifa (f) charge
tarifa de estacionamiento (f) parking fee
tarjeta de crédito (f) credit card
tarjeta de embarque (f) boarding pass
tarjeta de esquí (f) ski pass
tarjeta de red (f) network card
tarjeta de sonido (f) sound card
tarjeta gráfica (f) graphics card
tarjeta postal (f) postcard
tarjeta profesional (f) business card
tarjeta telefónica (f) phone card
tarta (f) pie
tarta de fruta (f) fruit tart
tarta de manzanas (f) apple pie
tasa de licencia (f) licensing fee
taxista (m) taxi driver
taza (f) cup
té (m) tea
té de fruta (m) fruit tea
té negro (m) black tea
teatro (m) theater
techo corredizo (m) sunroof
teclado (m) keyboard
técnico dental (m) dental technician
tejador (m) roofer
tejido de rizo (m) terry cloth
teléfono (m) telephone
teléfono de tarjeta (m) card telephone
teléfono público (m) pay phone
teléfono público de monedas (m) coin-operated telephone

telegrama (m) telegram
telémetro (m) distance meter
teleobjetivo (m) telephoto lens
telesilla (m) chair lift
telesquí (m) ski lift
televisión (f) television
televisor (m) TV
télex (m) telex
templo (m) temple
temporada alta (f) high season
temporada baja (f) low season
temprano early
tenazas (f) pliers, pincers
tendedero (m) clothesrack
tendón (m) tendon
tenedor (m) fork
tener have
tenis (m) tennis
terciopelo (m) velvet
termo (m) thermos
termómetro (m) thermometer
terraza (f) terrace
tétano (m) tetanus
tía (f) aunt
tiburón (m) shark
tienda (f) store; tent
tienda al por menor (f) retail store
tienda de alimentos naturales (f) health food store
tienda de antigüedades (f) antique store
tienda de artículos baratos (f) dime store
tienda de artículos de deporte (f) sporting goods store
tienda de artículos usados (f) second hand store
tienda de bicicletas (f) bicycle shop
tienda de comestibles (f) grocery store
tienda de comestibles finos (f) delicatessen
tienda de fotografía (f) photo store
tienda de informática (f) computer store
tienda de objetos artísticos (f) arts and crafts store
tienda de regalos (f) souvenir shop
tienda de ropa (f) clothing store
tienda de telas (f) fabric store

tienda de vinos (f) wine store

tienda de electrodomésticos (f) electrical appliances store

tienda musical (f) music store

tierra firme (f) mainland

tifón (m) typhoon

tijeras (f) scissors

tijeras para uñas (f) nail scissors

tilo (m) lime tree

tímalo (m) grayling

timón (m) rudder

tinta (f) ink

tinte para el cabello (m) hair dye

tinte temporal para el cabello (m) color rinse

tintorería (f) dry cleaning

tío (m) uncle

tipo de cambio (m) exchange rate, course

tirador de puerta (m) door handle

tirantes (m) suspenders

tirita (f) band-aid

tisana (f) herbal tea

tiza (f) chalk

toalla (f) towel

toalla de playa (f) beach towel

toalla pequeña (f) hand towel

toallita higiénica (f) sanitary napkin

tobillo (m) ankle

tocino (m) bacon

todavía still

todos all

toma de corriente (f) socket

tomar take

tomates (m) tomatoes

tomillo (m) thyme

tonelada (f) ton

tormenta (f) thunderstorm, storm

tornillo (m) screw

toronja (f) grapefruit

torre (f) tower

tortilla de huevos (f) omelet

tos (f) cough

tos ferina (f) whooping cough

tostador (m) toaster

trabajar work

tractor (m) tractor

tragedia (f) tragedy

traje (m) suit, outfit

traje de baño (m) swimming trunks

traje de buceo (m) wetsuit

tranquilo quiet

transbordador de automóviles (m) car ferry

transbordador/ferry (m) ferry

transfusión de sangre (f) blood transfusion

transmisión (f) transmission

tranvía (m) streetcar

trapo para limpiar (m) cleaning rag

trastorno cardíaco (m) heart problem

trastorno de la circulación (m) circulatory disorder

tratamiento de la raíz (m) root canal work

travesía (f) transit

tren de cercanías (m) commuter train

tren rápido (m) express train

trepadores (m) crampons

triángulo de emergencia (m) warning triangle

trigo (m) wheat

trineo (m) sled

trípode (m) tripod

tripulación (f) crew

trizar shatter

trompas de Falopio (f) fallopian tubes

trucha (f) trout

trueno (m) thunder

tubo de escape (m) exhaust

tuerca (f) nut

tumba (f) grave

tumbona (f) deck chair

tumefacción (f) swelling

U

úlcera (f) ulcer

un poco a little

un, uno, una a, an

unidad (f) unit

unidad de CD-ROM (f) CD-ROM drive

universidad (f) university, college

urólogo (m) urologist

útero (m) uterus

uva (f) grape

V

vaca (f) beef, cow

vacío empty

vagina (f) vagina

vaginitis (f) vaginitis

vagón-restaurante (m) dining car

vainilla (f) vanilla

vajilla (f) dishes

valle (m) valley

valores máximos (m) maximum (values)

valores mínimos (m) minimum values

válvula (f) valve

varicela (f) chickenpox

vaso (m) cup

vejiga (f) bladder

vela (f) candle, sail

veleta (f) float

velocímetro (m) speedometer

vena (f) vein

vendaje (m) bandage

vendedor (m) salesperson

vender sell

vendimia (f) vintage

venir come

ventana (f) window

ventanilla (f) counter

ventilador (m) fan, ventilator

ver see

verano (m) summer

verde green

verdulería (f) fresh produce stand

verduras (f) vegetables

vesícula biliar (f) gallbladder

vestido (m) dress

veterinario (m) veterinarian

viaje de ida y vuelta (m) round-trip

viaje por el río (m) river boat trip

victoria (f) win

videocasete (m) videocassette

videograbadora (f) VCR

vidriero (m) glazier

vidrio (m) glass

viejo (m) old

viento (m) wind

viernes Friday

Viernes Santo (m) Good Friday

viña (f) vineyard

vinagre (m) vinegar

vinagre balsámico (m) balsamic vinegar

vino (m) wine

vino blanco (m) white wine

vino tinto (m) red wine

violación (f) rape

violar rape
viruela (f) smallpox
visión (f) vision
vista al mar (f) ocean view
vodka (m) vodka
volante (m) steering wheel, shuttlecock
volcán (m) volcano
voleibol (m) volleyball
voltaje (m) voltage
voto (m) vote
vuelo (m) flight
vuelo de enlace (m) connecting flight
vuelo de vuelta (m) return flight

W...................
windsurf (m) windsurfing

Y...................
y and
yate (m) yacht
yerno (m) son-in-law
yogur (m) yogurt
yudo (m) judo

Z...................
zanahoria (f) carrot
zapatería (f) shoe store
zapatero (m) shoemaker
zapatillas (f) slippers, sneakers

zapato (m) shoe
zapatos de deporte (m) track shoes
zapatos de excursión (m) hiking boots
zapatos para niños (m) children's shoes
zarzamoras (f) blackberries
zona peatonal (f) crosswalk
zoología (f) zoology
zumo de tomate (m) tomato juice

Inglés – Español

A

a little un poco
a, an un, uno, una
abbey abadía (f)
abortion aborto (m)
abscess absceso (m)
accident accidente (m)
acknowledgment acuse de recibo (m)
acquaintance conocido (m)
actor actor (m)
actress actriz (f)
ad anuncio (m)
adapter adaptador (m)
address dirección (f)
adhesive tape cinta adhesiva (f)
administration administración (f)
aerobics ejercicios aeróbicos (m)
afterward después
again de nuevo
agent agente (m/f)
agreement acuerdo (m)
air aire (m)
air mattress colchón neumático (m)
air pump bomba de aire (f)
air-conditioning climatizador (m)
airmail correo aéreo (m)
airport aeropuerto (m)
aisle pasillo (m)
aisle seat asiento junto al pasillo (m)
alarm clock despertador (m)
all todos
allergy alergia (f)
alley callejón (m)
almond almendra (f)
altar altar (m)
alter cambiar
although aunque
aluminum foil papel de aluminio (m)
amazing asombroso
ambulance ambulancia (f)
amusing divertido
anchor ancla (m)
anchovy anchoa (f)
and y
anesthesia anestesia (f)
anesthetic anestético (m)
angina angina de pecho (f)
anglerfish rape (m)

angry enojado
ankle tobillo (m)
annoyed molesto
anorak anorak (m)
answering machine contestador automático (m)
antihistamine antihistamina (f)
antique store tienda de antigüedades (f)
antiques antigüedades (f)
apartment apartamento (m)
appendicitis apendicitis (f)
appendix apéndice (m)
appendix (book) apéndice (m)
apple manzana (f)
apple flan flan de manzanas (m)
apple juice jugo de manzana (m)
apple pie tarta de manzanas (f)
appointment cita (f)
apricot albaricoque (m)
April abril
apron delantal (m)
archaeology arqueología (f)
architect arquitecto (m)
architecture arquitectura (f)
area code prefijo (m)
arm brazo (m)
armchair sillón (m)
army ejército (m)
arrest arresto (m)
arrival llegada (f)
arrival time hora de llegada (f)
art arte (m)
art gallery galería de arte (f)
artery arteria (f)
artichoke alcachofa (f)
artificial leather piel sintética (f)
artist artista (m)
arts and crafts store tienda de objetos artísticos (f)
as como
ascent ascenso (m)
ashtray cenicero (m)
ask preguntar
asparagus espárrago (m)
asthma asma (m)
at en, a

at night por la noche
August agosto
aunt tía (f)
Austria Austria
author autor (m)
authorized officer apoderado (m)
automatic shutter release retardador de disparo (m)
automatic teller (ATM) cajero automático (m)
autumn otoño (m)
avocado aguacate (m)
awesome impresionante

B

baby cream crema para bebés (f)
baby food alimento para bebé (m)
babysitting cuidado breve del niño (m)
backache dolor de espalda (m)
backfire encendido defectuoso (m)
backpack mochila (f)
backyard patio (m)
bacon tocino (m)
bad malo
badge insignia (f)
badminton badminton (m)
badminton rackets raquetas de badminton (m)
baggage equipaje (m)
baggage carts carro de las maletas (m)
baggage claim devolución del equipaje (f)
baggage room depósito de equipaje (m)
bait cebo (m)
baked cocido en el horno (m)
baker panadero (m)
bakery panadería (f)
balance equilibrio (m)
balcony balcón (m)
ball pelota (f)
ballet ballet (m)
balloon globo (m)
ballpoint pen bolígrafo (m)
balsamic vinegar vinagre balsámico (m)
banana plátano (m)
bandage vendaje (m)
band-aid tirita (f)
bank banco (m)

barbecued a la parrilla
barley cebada (f)
barrette pasador (m)
baseball béisbol (m)
basil albahaca (f)
basketball baloncesto (m)
bath baño (m)
bath slippers chanclas (f)
bathing cap gorro de baño (m)
bathrobe albornoz (m)
bathroom baño (m)
bathtub bañera (f)
batiste batista (f)
battery batería (f)
bay leaf hoja de laurel (f)
be able poder
beach playa (f)
beach cabin caseta para cambiarse (f)
beach patrol servicio de playa (m)
beach towel toalla de playa (f)
beans habichuelas (f)
beard barba (f)
beautiful hermoso
beauty salon salón de belleza (m)
because porque
bed cama (f)
bed sheet sábana (f)
bedpan orinal de cama (m)
bedroom dormitorio (m)
beech haya (f)
beef vaca (f)
beef broth caldo de ternera (m)
beer cerveza (f)
before antes de
beginner principiante (m,f)
believe creer
bell campana (f)
bellboy botones (m)
belt cinturón (m)
beverage bebida (f)
bicycle pump bomba para hinchar neumáticos (f)
bicycle racing ciclismo (m)
bicycle shop tienda de bicicletas (f)
bikini bikini (m)
bill cuenta (f)
billboard anuncio (m), cartelera (f)
billfold cartera (f)
billiards billar (m)
billion mil millones
binoculars prismáticos (m)
biologist biólogo (m)
birthplace lugar natal (f)

bite mordedura (f)
black negro
black bread pan negro (m)
black tea té negro (m)
black-and-white en blanco y negro
blackberries zarzamoras (f)
bladder vejiga (f)
blanket manta (f)
blazer blazer (m)
bleeding sangramiento (m)
blinker luz intermitente (f)
blood sangre (f)
blood transfusion transfusión de sangre (f)
blood type grupo sanguíneo (m)
blouse blusa (f)
blow-dry secar con secador
blue azul
blueberries arándanos (m)
bluefish pez azul (m)
boar jabalí (m)
board of trustees consejo de administración (m)
boarding pass tarjeta de embarque (f)
boat bote (m)
boat rental alquiler de lanchas (m)
body lotion loción para el cuerpo (f)
boil furúnculo (m)
bone hueso (m)
bookkeeper contable (m)
bookseller librero (m)
bookstore librería (f)
boot bota (f)
botanical gardens jardín botánico (m)
botany botánica (f)
bottle botella (f)
bottle opener destapador (m)
bow proa (f)
bowl plato hondo (m)
bowling boliche (m)
bowtie corbata de pajarita (f)
boxing boxeo (m)
bracelet pulsera (f)
braces abrazadera dental (f)
brain cerebro (m)
braised estofado
brake frenar, freno
brake cable cable de freno (m)
brake fluid líquido del freno (m)

brake light luz de parada (f)
brake lining forro del freno (m)
brand marca (f)
brassiere sostén (m)
Brazil nuts nueces del Brasil (f)
bread pan (m)
breadcrumb-fried empanado
break romper
breakdown avería (f)
breakdown assistance servicio de averías (m)
breakfast desayuno (m)
breast seno (m)
bridge puente (m)
briefcase maletín (m)
broccoli brécol (m)
brochure folleto (m)
broker corredor (m)
bronchial tubes bronquios (m)
bronchitis bronquitis (f)
brooch broche (m)
brook arroyo (m)
broom escoba (f)
brother hermano (m)
browned poco asado
bruise contusión (f)
brussel sprouts coles de Bruselas (f)
bucket cubo (m)
building edificio (m)
bumper parachoques (m)
bungalow casita de campo (f)
burn quemadura (f)
bush-beans judías (f)
business card tarjeta profesional (f)
business meeting cita de negocios (f)
business partner socio (m)
businessman comerciante (m)
busy signal señal de línea ocupada (f)
butane gas gas butano (m)
butcher carnicero (m)
butter mantequilla (f)
button botón (m)
buy comprar

C

cabaret cabaret (m)
cabbage col (f)
cabin camarote (m)
cable cable (m)
cable railway funicular (m)

cactus fruit higo chumbo (m)
cake pastel (m)
calendar calendario (m)
calf pantorrilla (f), becerro (m)
call-button campanilla (f)
camera cámara (f)
camera bag bolsa para el equipo de fotografía (f)
camper autocaravana (f)
campsite campamento (m)
can poder, lata (f)
can opener abrelatas (m)
canal canal (m)
cancer cáncer (m)
candies dulces (m)
candle vela (f)
candlestick candelero (m)
canned food conservas (f)
canoe piragua (f), canoa (f)
canoeing piragüismo (m)
canvas lienzo (m)
canyon cañón (m)
cap gorro (m)
cap with visor gorra (f)
capers alcaparras (f)
capon capón (m)
cappuccino capuchino (m)
captain capitán (m)
car coche (m)
car documents papeles del coche (m)
car ferry transbordador de automóviles (m)
car number número del vagón (m)
car racing carrera de coches (f)
carambola carambola (f)
caraway seed bread pan con comino (m)
carburettor carburador (m)
card telephone teléfono de tarjeta (m)
carnation clavel (m)
carp carpa (f)
carpenter carpintero (m)
carrot zanahoria (f)
car-train autotrén (m)
cash payment pago en efectivo (m)
cash register caja (f)
cashier cajero (m)
casino casino (m)
cassette recorder grabador de casete (m)
castle castillo (m)
cat gato (m)
catalog catálogo (m)
catfish barbo (m)

cathedral catedral (f)
Catholic católico (m)
cauliflower coliflor (f)
cave cueva (f)
CD player lector de CD (m)
CD-ROM drive unidad de CD-ROM (f)
CD-writer grabadora de CDs (f)
celery apio (m)
cell phone celular (m)
cellular móvil (m)
cemetery cementerio (m)
center nave nave central (f)
center part raya mediana (f)
centimeter centímetro (m)
central heating calefacción central (f)
ceramic cerámica (f)
ceramics cerámica (f)
chain cadena (f)
chainguard cubrecadenas (m)
chair silla (f)
chair lift telesilla (f)
chairman presidente (m)
chalk tiza (f)
chambermaid camarera (f)
change dinero suelto (m), cambio (m)
chapel capilla (f)
charcoal carbón (m)
charcoal pencil carboncillo (m)
chard acelga (f)
charge tarifa (f)
cheap barato
cheat engañar
check cheque (m)
checkered a cuadros
checkroom consigna (f)
cheese queso (m)
chemist químico (m)
chemistry química (f)
cherry cereza (f)
chervil perifollo (m)
chess ajedrez (m)
chestnut castaño (m), castaña (f)
chick polluelo (m)
chicken pollo (m), gallina (f)
chicken broth caldo de pollo (m)
chickenpox varicela (f)
chick-pea garbanzo (m)
chicory achicoria (f)
child care cuidado del niño (m)
children niños (m)

children's book libro infantil (m)
children's playground parque infantil (m)
children's shoes zapatos para niños (m)
child's bed cama de niño (f)
chili chile (m)
chill escalofrío (m)
chimney chimenea (f)
chimney sweep deshollinador (m)
chive cebollino (m)
chocolate chocolate (m)
chocolate bonbon bombón de chocolate (m)
choir coro (m)
choir loft galería del coro (f)
chopped picado
Christian cristiano (m)
Christianity cristianismo (m)
Christmas Navidad (f)
church iglesia (f)
church service misa (f)
cigarette cigarrillo (m)
cigarette holder boquilla para cigarrillos (f)
cigarillos puritos (m)
cigars puros (m)
cinema cine (m)
cinnamon canela (f)
circulatory disorder trastorno de la circulación (m)
circus circo (m)
citizens' action acción cívica (f)
citizens' initiative iniciativa cívica (f)
civil servant funcionario (m)
clam almeja (f)
cleaning limpieza (f)
cleaning products productos de limpieza (m)
cleaning rag trapo para limpiar (m)
clearing despejo (m)
cliff precipicio (m)
climbing belt cuerda de trepar (f)
climbing boots botas de montaña (m), botas de alpinismo (f)
climbing path sendero de ascensión (m)
cloakroom guardarropa (m)
cloister claustro (m), convento (m)

closed cerrado
clothes dryer secadora (f)
clothesbrush cepillo para ropa (m)
clothesline cuerda para la ropa (f)
clothespin pinza de ropa (f)
clothesrack tendedero (m)
clothing store tienda de ropa (f)
cloud nube (f)
cloudy nublado
clove clavel (m)
clutch embrague (m)
coal heating calefacción de carbón (f)
coalition coalición (f)
coast costa (f)
coat abrigo (m)
cockle berberecho (m)
cocoa cacao (m)
coconut coco (m)
COD contra reembolso
codfish bacalao (m)
coffee café (m)
coffee grinder molinillo de café (m)
coffee machine cafetera (f)
coffee with ice cream café helado (m)
coin moneda (f)
coin-operated telephone teléfono público de monedas (m)
cold frío, resfriado
collaborator colaborador (m)
collar cuello (m)
collarbone clavícula (f)
colleague compañero de trabajo (m)
collect call llamada de cobro revertido (f)
college universidad (f)
color color (m)
color rinse tinte temporal para el cabello (m)
colored de colores
colored laundry ropa de color (f)
colored pencil lápiz de color (m)
comb peine (m)
come venir
comedy comedia (f)
commission comisión (f)
commuter train tren de cercanías (m)
compact polvo de maquillaje (m)
compartment compartimiento (m)

compass brújula (f)
complaint denuncia (f)
compressed-air bottles bombonas de aire comprimido (f)
computer expert experto de informática (m)
computer store tienda de informática (f)
concealer corrector (m)
concert concierto (m)
concert hall sala de conciertos (f)
concussion conmoción cerebral (f)
condom condón (m)
condominium condominio (m)
conductor revisor (m)
conference conferencia (f)
congressman
connecting flight vuelo de enlace (m)
constipation estreñimiento (m)
constitution constitución (f)
construction worker albañil (m)
consulate consulado (m)
contact lens lente de contacto (f)
contract contrato (m)
convention convención (f)
cook cocinero (m)
cookbook libro de cocina (m)
cooked cocido
cookie galleta (f)
cooking course curso de cocina (m)
coolant enfriador (m)
cooler nevera (f), champanero (m)
cooperation cooperación (f)
copper cobre (m)
corduroy pana (f)
cork corcho (m)
corkscrew sacacorchos (m)
corn maíz (m)
cost costo (m)
cotton algodón (m)
cough tos (f)
cough drops pastillas para la garganta (f)
cough syrup jarabe para la tos (m)
counter ventanilla (f)
country road carretera regional (f)
county condado (m)
course tipo de cambio (m)
cousin primo (m)

cover cubierta (f)
cow vaca (f)
crab cangrejo (m)
cracker galleta (f)
craftsperson artesano (m)
cramp calambre (m)
crampons trepadores (m)
cranberries arándanos agrios (m)
crawfish langostino (m)
crayon gis (m)
cream nata (f)
creamer jarrita para crema (f)
credit card tarjeta de crédito (f)
crepe crespón (m)
cress berro (m)
crew tripulación (f)
crime delito (m)
croissant media luna (m)
croquettes croquetas (f)
cross cruz (f)
cross-country skiing esquí a campo traviesa (m)
crossroad encrucijada (f), cruce (m)
crosswalk zona peatonal (f)
crown funda dental (f)
cruise crucero (m)
crypt cripta (f)
cucumber pepino (m)
cufflinks gemelos (m)
cuffs puños (m)
culture cultura (f)
cup vaso (m), taza (f)
curd requesón (m)
curl rizo (m)
curler rizador (m)
currants grosellas (f)
currency divisa (f)
current corriente (f)
curtain cortina (f)
customer service servicio de atención al cliente (m)
customs aduana (f)
customs check inspección aduanera (f)
customs declaration declaración de aduana (f)
customs regulations disposiciones aduaneras (f)
cute mono
cutlet chuleta (f)
cycling ciclismo (m)
cylinder head culata (f)

D . . . .
daily diariamente
dairy products productos lácteos (m)

daisy margarita (f)
dam presa (f)
dance baile (m)
dandruff caspa (f)
dark oscuro
darling querido
dart dardo (m)
date fecha (f)
date of arrival día de llegada (m)
date of departure día de
 salida (m)
dates dátiles (m)
daughter hija (f)
daughter-in-law nuera (f)
day día (m)
day after tomorrow pasado
 mañana
day before yesterday anteayer
day ticket billete válido por
 un día (m)
deadline plazo (m)
deceive engañar
December diciembre
deck cubierta (f)
deck chair silla de cubierta
 (f), tumbona (f)
decorator decorador (m)
deep profundo
deep-fried cutlet escalope
 (m)
deer ciervo (m)
defeat derrota (f)
degree of difficulty nivel de
 dificultad (m)
delay retraso (m)
delicatessen tienda de comestibles finos (f)
delivery terms condiciones
 de entrega (f)
democracy democracia (f)
denomination creencia (f)
dental bridge puente dental (m)
dental floss seda dental (f)
dental technician técnico
 dental (m)
dentist dentista (m)
denture dentadura postiza
 (f)
deodorant desodorante (m)
department departamento
 (m)
department head jefe de
 departamento (m)
department store centro
 comercial (m)
departure salida (f)
departure time hora de salida (f)

deposit fianza (f)
depressed deprimido (m)
depth gauge batímetro (m)
descent descenso (m)
desert desierto (m)
desk escritorio (m)
dessert postre (m)
detective novel novela policíaca (f)
diabetes diabetes (f)
diagonally striped a rayas
 diagonales
dial tone señal de línea
 libre (f)
diamond diamante (m)
diaper pañal (m)
diarrhea diarrea (f)
dictionary diccionario (m)
diesel diésel/dieseloil (m)
digital recording grabación
 digital (f)
dill eneldo (m)
dime store tienda de artículos baratos (f)
dining car vagón-restaurante (m)
dinner cena (f)
diphteria difteria (f)
direct dialling selección directa (f)
disco discoteca (f)
discotheque discoteca (f)
discount descuento (m)
discount price precio con
 descuento (m)
dish plato (m)
dishes vajilla (f)
dishrack escurreplatos (m)
dishwasher lavaplatos (m)
dishwashing liquid detergente (m)
disinfectant desinfectante
 (m)
disposable needle jeringa
 desechable (f)
distance meter telémetro
 (m)
distributor distribuidor (m)
district attorney fiscal (m)
diving submarinismo (m)
diving goggles gafas de
 buceo (f)
diving license licencia submarinista (f)
diving watch reloj de buzo
 (m)
do hacer
dock muelle (m)
doctor médico (m)
doctor's assistant auxiliar
 de médico (f)

dog perro (m)
dome cúpula (f)
donkey burro/asno (m)
door puerta (f)
door handle tirador de
 puerta (m)
dope estupefacientes (m)
double bed cama matrimonial (f)
double cabin camarote
 doble (m)
double room habitación
 doble (f)
double-decker double cubierta (f), doble piso (m)
downhill skiing esquí alpino (m)
downtown centro de la
 ciudad (m)
dozen docena (f)
drama drama (m)
dreadful horrible
dress vestido (m)
drill taladradora (f)
drink beber
drinking water agua potable (m)
driver chófer (m)
drizzle llovizna (f)
druggist farmacéutico (m)
drugs drogas (f)
drugstore farmacia (f)
drum brake freno de tambor (m)
dry seco
dry cleaning tintorería (f)
dry goods mercería (f)
dry-cleaning limpieza en
 seco (f)
dryer secadora (f)
duck pato (m)
dull opaco
dumbbell pesa/haltera (f)
dune duna (f)
during the day durante el
 día
dustpan pala de basura (f)
dutiable sujeto a derechos
 de aduana
duty-free exento de derechos de aduana
DVD player lector DVD (m)
dynamo dínamo (f)

E . . . .
each cada
ear oreja (f)
ear of grain espiga (f)
**ear, nose and throat spe-
 cialist** otorrinolaringólogo
 (m)

eardrops gotas para los oídos (f)
earlier más temprano
early temprano
earrings pendientes (m)
easel caballete de pintor (m)
Easter Pascua (f)
eat comer
economist economista (m)
economy economía (f)
eel anguila (f)
egg dishes platos de huevos (m)
eggplant berenjena (f)
elastic elástico (m), cinta elástica para el cabello (f)
elbow codo (m)
elderberries saúcos (m)
elections elecciones (f)
electric blanket manta eléctrica (f)
electric heating calefacción eléctrica (f)
electric range cocina/hornilla eléctrica (f)
electrical appliances store tienda electrodomésticos (f)
electrical cord cordón eléctrico (m)
electrician electricista (m)
electricity electricidad (f)
elevator ascensor (m)
embassy embajada (f)
emergency emergencia (f)
emergency brake freno de emergencia (m)
emergency exit salida de emergencia (f)
emergency flashers intermitentes de emergencia (f)
employee empleado (m)
empty vacío
enclosure anexo (m)
engineer ingeniero (m)
English language and literature filología inglesa (f)
enough suficiente
entrance entrada (f)
entrepreneur empresario (m)
envelope sobre (m)
eraser goma de borrar (f)
escalator escalera mecánica (f)
espresso exprés (m)
event suceso (m)
excavations excavaciones (f)

excellent excelente
excess baggage exceso de equipaje (m)
exchange cambio (m)
exchange bureau oficina de cambio (f)
exchange rate tipo de cambio (m)
exhaust tubo de escape (m)
exhibition exposición (f)
exhibitor expositor (m)
exit salida (f)
expense gasto (m)
expensive caro
export exportación (f)
exposure meter exposímetro (m)
express mail carta urgente (f)
express train tren rápido (m)
extension cord cordón prolongador (m)
external de aplicación exterior
extra (gas) gasolina súper (m)
extra costs gastos adicionales (m)
eye ojo (m)
eyebrow ceja (f)
eyebrow pencil lápiz de cejas (m)
eyelid párpado (m)
eyeshadow sombra de ojos (m)
eyewear store óptica (f)

F ....
fabric store tienda de telas (f)
face cara (f)
face mitt guante para la ducha (m)
factory fábrica (f)
fair feria (f)
fall caerse
fall in love enamorarse
fallopian tubes trompas de Falopio (f)
family ticket billete con tarifa familiar (m)
fan ventilador (m)
fantastic fantástico
far lejos
farm granja (f)
farmer agricultor (m)
far-sighted hipermétrope
fashion moda (f)
fast rápido
father padre (m)

father-in-law suegro (m)
faucet grifo (m)
fax fax (m)
February febrero
fee honorario (m)
feel sentir
felt fieltro (m)
felt tip pen rotulador (m)
fender guardabarros (m)
fennel hinojo (m)
ferry transbordador/ferry (m)
festival festival (m)
fever fiebre (f)
few poco
fiancé novio (m)
fiancée novia (f)
field campo (m)
fig higo (m)
fillet steak filete de solomillo (m)
filling empaste (m)
film película (f)
finance finanza (f)
find encontrar
finger dedo (m)
fins aletas (f)
fire fuego (m)
fire department bomberos (m)
first primero
fish pescado (m)
fish store pescadería (f)
fishing pesca (f)
fishing license permiso para pescar (m)
fishing line sedal (m)
fishing rod caña de pescar (f)
fixative fijador (m)
flannel franela (f)
flashbulb flash (m)
flasher destellador (m), luz intermitente (f)
flashlight linterna (f)
flat noodles tallarines (m)
flatulence flatulencia (f)
flavor sabor (m)
flea market rastro (m)
flight vuelo (m)
flight number número de vuelo (m)
flight schedule horario de vuelo (m)
float veleta (f)
flood inundación (f)
floor piso (m)
florist floristería (f)
flounder lenguado (m), platija (f)
flour harina (f)

flu gripe (f)
fly swatter matamoscas (m)
fog niebla (f)
folding chair silla plegable (f)
folding table mesa plegable (f)
folklore folklore (m)
font pila bautismal (f)
foot pie (m)
footpath sendero (m)
for para, por
forefinger dedo índice (m)
foreigner extranjero (m)
forget olvidar
fork tenedor (m)
format formato (m)
fortress fortaleza (f)
fountain pen pluma fuente (f)
fracture fractura del hueso (f)
freight charges gastos de transporte (m)
freighter buque mercante (m)
french fries papas fritas (f)
fresh produce stand verdulería (f)
Friday viernes
fried frito
fried egg huevo frito (m)
fried potatoes papas fritas (f)
friend amigo (m)
frieze friso (m)
front axle eje delantero (m)
front wheel fork horquilla de rueda delantera (f)
frost helada (f)
fruit fruta (f)
fruit juice jugo de fruta (m)
fruit stand frutería (f)
fruit tart tarta de fruta (f)
fruit tea té de fruta (m)
fruity afrutado
frustrated frustrado
frying pan sartén (f)
fuel guage indicador de gasolina (m)
fuel injector pump inyector de combustible (m)
full lleno
full board pensión completa (f)
full-bodied de mucho cuerpo
funnel embudo (m)
fur shop peletería (f)
furniture muebles (m)
fuse fusible (m)

G

gallbladder vesícula biliar (f)
gallery galería (f)
garage garaje (m)
garbage basura (f)
garbage can cubo de basura (m)
garden jardín (m)
gardener jardinero (m)
garlic ajo (m)
gas gasolina (f)
gas can lata de gasolina (f)
gas cylinder bombona de gas (f)
gas pedal acelerador (m)
gas pump surtidor de gasolina (f)
gas station gasolinera (f)
gas stove cocina / hornillo de gas (m)
gash herida por corte (f)
gasket junta (f)
gate salida (f)
gear engranaje (m)
gearbox caja de cambios (f)
gearshift palanca del cambio (f), cambio de marchas (m)
general delivery en lista de correos
gentle wash programa para lavado de ropa delicada (m)
geology geología (f)
German measles rubeola (f)
Germany Alemania
get obtener
gift regalo (m)
gift wrap papel de regalo (m)
ginger jengibre (m)
give dar
glass vidrio (f)
glass painting decoración del cristal (f)
glasses case estuche para gafas (m)
glazed garrapiñado
glazier vidriero (m)
glossy brillante
glove compartment guantera (f)
gloves guantes (m)
glue pegamento (m)
go ir
goat cabra (f)
goat's milk cheese queso de leche de cabra (m)

gold oro (m)
golden bream dorada (f)
golden perch acerina (f)
golf golf (m)
golf bag bolsa de golf (f)
golf ball pelota de golf (f)
golf clubs palos de golf (m)
good bueno
Good Friday Viernes Santo
goose ganso (m)
gooseberry grosella silvestre (f)
gorgeous espléndido
Gothic gótico
goulash gulasch (m)
government gobierno (m)
gradient inclinación (f)
grain cereal (m)
gram gramo (m)
grandfather abuelo (m)
grandmother abuela (f)
grandson nieto (m)
grape uva (f)
grape juice jugo de uva (m)
grapefruit toronja (f)
graphics card tarjeta gráfica (f)
grave tumba (f)
gray gris
grayling tímalo (m)
great estupendo
green verde
green beans judías verdes (f)
green pepper pimiento (m)
green salad ensalada de lechuga (f)
greeting saludo (m)
grill parrilla (f)
grilled a la parrilla
grilled chicken pollo asado (m)
grocery store tienda de comestibles (f)
ground picado
group card billete de tarifa de grupo (m)
guarantee garantía (f)
guesthouse room habitación en casa de huéspedes (f)
guidebook guía de viajes (f)
guinea fowl gallina de Guinea (f)
gum encía (f)
gymnastics gimnasia (f)
gynecologist ginecólogo (m)

H

haddock anón (m)
hail granizo (m)
hair pelo (m)
hair color color del cabello (m)
hair dye tinte para el cabello (m)
hairbrush cepillo para el cabello (m)
hairdresser peluquero (m)
hairdryer secador (m)
hairpins horquillas (f)
hair-setting lotion fijador para el cabello (m)
hairspray laca (f)
half medio, mitad
half board media pensión (f)
halibut hipogloso (m)
hall pabellón (m)
ham jamón (m)
hammer martillo (m)
hammock hamaca (f)
hand mano (f)
hand baggage equipaje de mano (m)
hand brake freno de mano (m)
hand cream crema para las manos (f)
hand towel toalla pequeña (f)
handbag bolso (m)
handball balonmano (m)
handicrafts artesanía (f)
handlebars manillar (m)
hands manecilla (f)
hanger percha (f)
hang-gliding aladelta (f)
harbor puerto (m)
harbor tour recorrido por el puerto (m)
hard disk disco duro (m)
hard-boiled egg huevo duro (m)
hardware ferretería (f)
hare liebre (f)
harvester segadora-trilladora (f)
hat sombrero (m)
have tener
hay heno (m)
hay fever alergia (f)
hazelnut avellana (f)
hazy brumoso
head cabeza (f)
head cold catarro (m)
headache dolor de cabeza (m)
headache pill pastilla para dolor de cabeza (f)

headlight luz delantera (f), faro del automóvil (m)
headphones auriculares (m)
health food store tienda de alimentos naturales (f)
hear oír
heart corazón (m)
heart attack infarto cardíaco (m)
heart problem trastorno cardíaco (m)
heartburn acidez estomacal (f)
heat calor (m)
heater calefactor (m)
heating calefacción (f)
heel talón (m), tacón (m)
hello buenos días
helmet casco (m)
help ayuda (f), ayudar
hemorrhage hemorragia (f)
herbal tea tisana (f)
here acá, aquí
herring arenque (m)
hibiscus hibisco (m)
high alta, alto
high blood pressure hipertensión (f)
high pressure presión alta (f)
high season temporada alta (f)
high tide marea alta (f)
highchair silla de niños (f)
high-contrast con mucho contraste
hike salir de excursión
hiking excursionismo (m)
hiking boots zapatos de excursión (m)
hill colina (f)
hip cadera (f)
history historia (f)
honey miel (f)
hood capó (m)
horn bocina (f)
horse caballo (m)
horse racing carrera de caballos (f)
horseback riding equitación (f)
horseradish rábano picante (m)
hose manguera (f)
hospital hospital (m)
hot caliente
hot water agua caliente (m)
hot water bottle bolsa de agua caliente (f)

hot water heater calentador (m)
hot-air balloon globo de aire caliente (m)
hotel hotel (m)
hotelier administrador de hotel (m)
hot-water wash lavado con agua caliente (m)
hour hora (f)
hourly cada hora
household merchandise artículos domésticos (m)
housewife ama de casa (f)
how long cuánto tiempo
how much cuánto
hub cubo (m)
humidity humedad (f)
hunger hambre (m)
hurricane huracán (m)
hurricane lamp quinqué (m)
husband marido (m)
hydrofoil acuaplano (m)

I

ice hielo (m)
ice ax hacha de hielo (m)
ice cream helado (m)
ice cream cone cucurucho (m)
ice cube cubito de hielo (m)
ice hockey hockey sobre hielo (m)
ice skates patines de hielo (m)
ice-skating patinaje sobre hielo (m)
ID documento de identidad (m)
if si
ignition encendido (m)
immersion heater calentador de inmersión (m)
immigration inmigración (f)
immigration authority departamento de extranjería (m)
import importación (f)
impressive impresionante
in en
in the afternoon por la tarde
in the evening por la tarde
in the morning por la mañana
industry industria (f)
infection infección (f)
inflammation inflamación (f)

inflammation of the bladder cistitis (f)
information información (m)
injection inyección (f)
injure herir
injury lesión (f)
ink tinta (f)
inkjet printer impresora por chorro de tinta (f)
inner tube cámara de aire (f)
insect bite picadura de insecto (f)
insecticide insecticida (m)
inside adentro
inside cabin camarote interno (m)
insulated bag nevera (f)
insulin insulina (f)
insurance seguro (m)
intermission entreacto (m)
internal interno
internet internet (m)
internist internista (m)
interpreter intérprete (m)
intestine intestino (m)
intra-uterine device DIU (m)
introduce presentar
investment inversión (f)
invitation invitación (f)
invoice factura (f)
iron plancha (f)
ironing board tabla de planchar (f)

J ·
jack gato (m)
jacket chaqueta (f)
jacknife navaja (f)
jam mermelada (f)
January enero
jaundice ictericia (f)
jaw mandíbula (f)
jazz jazz (m)
jellyfish medusa (f)
jetty embarcadero (m)
Jew judío (m)
jeweler joyero (m)
jogging jogging (m)
joint articulación (f)
journalist periodista (m)
judge juez (m)
judo yudo (m)
July julio
jumper cables cables de empalme para la puesta en marcha (m)
June junio

K ·
karate kárate (m)
kayak kayak (m)
kerosene lamp lámpara de querosén (f)
key llave (f)
keyboard teclado (m)
kid cabrito (m)
kidney riñón (m)
kidney beans judías (f)
kilo kilo (m)
kilometer kilómetro (m)
kingdom reino (m)
kitchen cocina (f)
kitchen rag estropajo (m)
kitchenette cocina pequeña (f)
kite cometa (f)
kiwi fruit kiwi (m)
knee rodilla (f)
knife cuchillo (m)
knobby con motas
knot nudo (m)
know saber

L ·
label etiqueta (f)
ladder escalera de mano (f)
lake lago (m)
lamb cordero (m)
lamp lámpara (f)
landing aterrizaje (m)
landlord alquilador (m)
landscape paisaje (m)
language course curso de idiomas (m)
larded mechado
large grande
laser printer impresora láser (f)
last stop estación final (f)
late tarde
later más tarde
laundromat lavandería (f)
laundry basket cesta de la ropa (f)
laundry detergent detergente para lavadora (m)
laurel laurel (m)
law ley (f)
lawyer abogado (m)
laxative laxante (m)
leather cuero (m)
leather coat abrigo de cuero (m)
leather goods artículos de piel (m)
leather jacket chaqueta de cuero (m)
leather sole suela de cuero (f)

leek puerro (m)
leeward sotavento
left izquierda
leg pierna (f)
legal proceedings sesión judicial (f)
lemon limón (m)
lemon squeezer exprimidor (m)
lens lente (m)
lens shade parasol (m)
lentils lentejas (f)
let dejar
letter carta (f)
letterhead membrete (m)
lettuce lechuga (f)
liability responsabilidad (f)
library biblioteca (f)
licensing fee tasa de licencia (f)
life guard salvavidas (m)
life jacket chaleco salvavidas (m)
life preserver salvavidas (m)
lifeboat bote salvavidas (m)
light luz (f)
light switch interruptor de luz (m)
lightbulb bombilla (f)
lighter encendedor (m)
lighthouse faro (m)
lightning relámpago (m)
like gustar, como
lily azucena (f)
lime lima (f)
lime tree tilo (m)
linen lino (m)
lip labio (m)
lipstick lápiz de labios (m)
liqueur licor (m)
liquor store licorería (f)
listen escuchar
liter litro (m)
literature literatura (f)
little poco
liver hígado (m)
living room sala (f)
loafer haragán (m)
lobster langosta (f)
local call llamada local (f)
lock cerradura (f)
locker consigna automática (f)
locksmith cerrajero (m)
locomotive locomotora (f)
loin lomo (m)
loin steak filete de lomo (m)
long largo
long-distance call llamada de larga distancia (f)

look for buscar
loose holgado
loose-leaf notebook cuaderno de anillos (m)
loss pérdida (f)
lost-and-found office oficina de objetos perdidos (f)
low cholesterol bajo en colesterol
low pressure baja presión (f)
low season temporada baja (f)
low tide marea baja (f)
low-calorie bajo en calorías
low-contrast con poco contraste
lower leg pierna (f)
low-fat bajo en grasa
luggage equipaje (m)
lumbago lumbago (m)
lump bulto (m)
lunch almuerzo (m)
lung pulmón (m)

M

macaroni macarrones (m)
mackerel caballa (f)
magazine revista (f)
magnet imán (m)
magnifying glass lupa (f)
mailbox buzón (m)
main entrance portal (m)
mainland tierra firme (f)
male nurse enfermero (m)
manager gerente (m), director (m)
mango mango (m)
manufacturer fabricante (m)
many muchos
map mapa (m)
map of the city mapa de la ciudad (m)
maple arce (m)
March marzo
margarine margarina (f)
marjoram mejorana (f)
market mercado (m)
marketing marketing (m)
married casado
mascara rímel (m)
mashed potatoes puré (m)
mason albañil (m)
master maestro (m)
match fósforo (m)
material material (m)
matte mate
mattress colchón (m)
maximum (values) valores máximos (m)

May mayo
mayonnaise mayonesa (f)
mayor's office alcaldía (f)
meadow prado (m)
measles sarampión (m)
measuring stick metro plegable (m)
measurring tape cinta métrica (f)
meat carne (f)
meat knife cuchillo para carne (m)
meatloaf picadillo (m)
mechanic mecánico (m)
medication medicamento (f)
medicine medicina (f)
medieval medieval
medium medio (m)
medlar níspero (m)
meet conocer
meeting place punto de encuentro (m)
melon melón (m)
menu menú (m)
merchant mercader (m)
meter metro (m)
microfiber microfibra (f)
microwave microondas (m)
Middle Ages edad media (f)
middle finger dedo del corazón (m)
midnight medianoche (f)
midwife partera (f)
migraine jaqueca (f)
milk leche (f)
milk jug cazo para la leche (m)
millimeter milímetro (m)
mineral water agua mineral (m)
minibar minibar (m)
minimum values valores mínimos (m)
minister sacerdote (m)
mint menta (f)
minute minuto (m)
mirror espejo (m)
miscarriage aborto no intencional (m)
mixed salad ensalada mixta (f)
mocha moca (f)
modem módem (m)
moderately warm calor moderado
Monday lunes (m)
money dinero (m)
money exchange cambio de divisa (m)

money order giro postal (m)
month mes (m)
monument monumento (m)
mooring atracadero (m)
more más
mosquito net mosquitero (m)
motel motel (m)
mother madre (f)
mother-in-law suegra (f)
motor motor (m)
motor vehicle mechanic mecánico de automóviles (m)
motorboat motolancha (f)
mottled mezclado
mountain montaña (f)
mountain climbing alpinismo (m)
mountain hut refugio (m)
mountain peak cima (f)
mountain spring manantial (m)
mouth boca (f)
mouthwash agua dentífrica (m)
movie película (f)
much mucho
mudguard guardabarros (m)
mug jarra (f)
mugging asalto (m)
mulberries moras (f)
mullet lisa (f)
mumps paperas (f)
mural fresco (m)
muscle músculo (m)
museum museo (m)
mushroom hongo (f)
music música (f)
music store tienda musical (f)
musical musical (m)
musician músico (m)
Muslim musulmán (m)
mussel mejillón (m), ostra (f)
must deber
mustache bigote (m)
mustard mostaza (f)
mutton carnero (m)
mystery misterio (m)

N

nail clavo (m)
nail file lima para uñas (f)
nail polish esmalte de uñas (m)
nail polish remover quitaesmalte (m)

nail scissors tijeras para uñas (f)
name badge placa de identificación (f)
napkin servilleta (f)
narcissus narciso (m)
narrow estrecho
national highway carretera nacional (f)
nature park parque natural (m)
nausea náusea (f)
nave nave (f)
neck cuello (m)
necklace collar (m)
negotiation negociación (f)
nephew sobrino (m)
nerve nervio (m)
network cable cable de red (m)
network card tarjeta de red (f)
new nuevo
New Year's day Año Nuevo
New Year's eve Noche Vieja (f)
news noticias (f)
newspaper periódico (m)
newsstand quiosco (m)
niece sobrina (f)
night table mesita de noche (f)
nightclub club nocturno (m)
nightshirt camisón (m)
nipple pezón (m)
no no
no ironing no necesita plancha
non-fiction libro de documentación (m)
non-smoking section sección de no fumadores
non-swimmers no nadadores
noodle soup sopa de fideos (f)
noodles pasta (f)
noon mediodía (m)
nose nariz (f)
nosebleed hemorragia nasal (f)
notary notario (m)
notebook cuaderno (m)
notepad bloc de notas (m)
nothing nada
November noviembre (m)
now ahora
nurse enfermera (f)
nut nuez (f), tuerca (f)
nutmeg nuez moscada (f)

O

oak roble (m)
oars remos (m)
oat avena (f)
oatmeal papilla de avena (f)
occupied ocupado
ocean océano (m)
ocean view vista al mar (f)
October octubre (m)
octopus pulpo (m)
off season fuera de temporada (f)
offer oferta (f)
office hours horario de consulta (m)
office supplies papelería (f)
official oficial (m)
oil aceite (m)
oil filter filtro del aceite (m)
oil paints pintura al óleo (f)
ointment for burns pomada para las quemaduras
okra quingombó (m)
old viejo (m)
old city centro histórico (m)
olive oil aceite de oliva (m)
omelet tortilla de huevos (f)
on en, sobre
one-week ticket billete semanal (m)
onions cebollas (f)
only sólo
open hours horarios de apertura (m)
opera ópera (f)
operation operación (f)
operetta opereta (f)
opinion opinión (f)
or o
orange naranja (f)
orange juice jugo de naranja (m)
orchid orquídea (f)
order pedir
oregano orégano (m)
organic food alimentos naturales (m)
ornithology ornitología (f)
orthodontist ortodoncista (m)
other otros, otras
out (of) de
outfit traje (m)
outside afuera
outside cabin camarote exterior (m)
outstanding excelente
oyster ostra (f)
ozone ozono (m)

P

pacifier chupete (m)
padlock candado (m)
pain dolor (m)
painkiller analgésico (m)
paintbrush pincel (m)
painter pintor (m)
painting pintura (f), cuadro (m)
painting course curso de pintura (m)
pair par (m)
pajamas pijama (m)
palette paleta (f)
pancake panqueque (m)
panhandler mendigo (m)
panties bragas (f)
pants pantalones (m)
papaya papaya (f)
paper papel (m)
paper clips grapas (f), sujetapapeles (m)
paper napkins servilletas de papel (f)
paragraph párrafo (m)
paralysis parálisis (f)
paramedic paramédico (m)
parasol sombrilla (f)
parcel paquete (m)
park parque (m)
parking fee tarifa de estacionamiento (f)
parking garage garaje de estacionamiento (m)
parking lot vending machine boletera de estacionamiento (f)
parking place estacionamiento (m)
parliament parlamento (m)
parsley perejil (m)
part (hair) raya (f)
partridge perdiz (f)
pass paso (m)
passenger pasajero (m)
passion fruit pasionaria (f)
passport pasaporte (m)
pastel pastel (m)
pastels pinturas al pastel (f)
pastries pasteles (m)
pastry shop pastelería (f)
patterned con dibujos
pawnbroker casa de empeño (f)
pay phone teléfono público (m)
payment terms condiciones de pago (f)
pea guisante (m)
peach melocotón (m)

peanut cacahuate (m)
pear pera (f)
pearl perla (f)
pearl necklace collar de perlas (m)
pebble beach playa de arena gruesa (f)
pecan nut pacana (f)
pedal pedal (m)
pedal boat hidropatín (m)
pediatrician pediatra (m)
pencil lápiz (m)
pencil sharpener sacapuntas (m)
pendant pendiente (m)
pepper pimienta (f), pimentón (m)
perch perca (f)
perfume perfume (m)
perfumery perfumería (f)
perm permanente (f)
persimmon caqui (m)
pharmacy farmacia (f)
pheasant faisán (m)
philosophy filosofía (f)
phone call llamada telefónica (f)
phone card tarjeta telefónica (f)
photo store tienda de fotografía (f)
photographer fotógrafo (m)
physics física (f)
pickpocket carterista (m)
picture book libro ilustrado (m)
pie tarta (f)
pig cerdo (m)
pigeon paloma (f)
pike lucio (m)
pilgrim peregrino (m)
pillow almohada (f)
pin alfiler (m)
PIN número secreto (m)
pincers tenazas (f)
pine cone piña (f)
pine nut piñón (m)
pineapple piña (f)
ping-pong ping-pong (m)
ping-pong ball pelota de ping-pong (f)
ping-pong racket raqueta de ping-pong (f)
pink rosado
pinkie dedo meñique (m)
pipe pipa (f)
pipe cleaner escobilla limpiapipas (f)
pipe filter filtro de pipa (m)
pipe implements instrumentos para pipa (m)

pistachio pistache (m)
piston pistón (m)
place lugar (m)
plane ticket pasaje (m)
planetarium planetario (m)
plastic bag bolsa de plástico (f)
plastic wrap película transparente (f)
plate plato (m)
platform andén (m)
platinum platino (m)
playing cards naipes (m)
please por favor
pliers tenazas (f)
plug enchufe (m), tapón (m)
plum ciruela (f)
plumber plomero (m)
pneumonia pulmonía (f)
poached egg huevo escalfado (m)
pocket calculator calculadora de bolsillo (f)
pocket knife navaja (f)
poisoning intoxicación (f)
police policía (f)
police station estación de policía (f)
policeman policía (m)
political refugee refugiado politico (m)
politics política (f)
polka-dotted a lunares
pollution contaminación (f)
pomegranate granada (f)
pomelo pomelo (m)
pond estanque (m)
poplin popelina (f)
porridge papilla de avena (f)
port babor (m)
porter mozo de estación (m), cargadero (m)
post office correos (m)
post office box (P.O. Box) apartado postal (m)
postage franqueo (m)
postcard tarjeta postal (f)
pot olla (f)
potato papa / patata (f)
pottery alfarería (f)
poultry carne de ave (f)
pound libra (f)
powder (snow) nieve-polvo (f)
power corriente (f)
prawn gambas (f)
preferably preferentemente
pregnancy embarazo (m)
pregnancy test prueba del embarazo (f)

pregnant embarazada
pre-season pretemporada (f)
president presidente (m)
press prensa (f)
press conference conferencia de prensa (f)
pretty bonito
previously antes
price precio (m)
priest sacerdote (m)
printed impreso
printed matter impreso (m)
prison prisión (f)
private beach playa privada (f)
procession procesión (f)
processor procesador (m)
production producción (f)
professor profesor (m)
profit beneficio (m)
programmer programador (m)
prom baile de gala (m)
propane propano (m)
prostitute prostituta (f)
Protestant protestante (m)
psychiatrist psiquiatra (m)
psychologist psicólogo (m)
psychology psicología (f)
public school escuela pública (f)
public service servicio público (m)
publishing house editorial (f)
puddle charco (m)
pulpit púlpito (m)
pumpkin calabaza (f)
purchase contract contrato de compraventa (m)
purchase price precio de compra (m)
purple lila
purse monedero (m)
putty knife espátula (f)

Q

quail codorniz (f)
quarter cuarto (m)
quarterback jugador de defensa (m)
quiet tranquilo
quince membrillo (m)

R

rabbit conejo (m)
racing bike bicicleta de carreras (f)
radiator radiador (m)
radio radio (f)

radish rábano (m)
railroad ferrocarril (m)
railway station estación de ferrocarril (f)
rain lluvia (f), llover
raincoat impermeable (m)
raisin pasa (f)
RAM memoria principal (f)
rape violación (f), violar
rash salpullido (m)
raspberries frambuesas (f)
raw crudo
ray raya (f)
razor máquina de afeitar (f)
razor blades hojas de afeitar (f)
read leer
rear parte trasera (f)
rear axle eje trasero (m)
rear windshield luneta trasera (f)
rearview mirror retrovisor (m)
rebate descuento (m)
receipt recibo (m)
receiver auricular (m)
reception recepción (f)
reception desk registro (m)
recipient destinatario (m)
recommend recomendar
red rojo
red beets nabos rojos (m)
red cabbage lombarda (f)
red perch gallineta (f)
red wine vino tinto (m)
reduction reducción (f)
referee árbitro (m)
reflector reflector (m)
refrigerator refrigerador (m)
regatta regata (f)
regional regional
registered mail correo certificado (m)
regular gas gasolina normal (f)
relief relieve (m)
religion religión (f)
remains restos (m)
remittance giro postal (m)
remote control mando a distancia (m)
rent alquilar, alquiler (m)
rental fee cuota de arriendo (f)
repair reparar
repair kit bote de parches (m)
repeat repetir
report reportaje (m)

representative diputado (m), representante (m)
reservation reserva (f)
reserve reservar
restaurant restaurante (m)
restroom excusado (m)
retail store tienda al por menor (f)
retired person jubilado (m)
retraining readaptación profesional (f)
return flight vuelo de vuelta (m)
rev counter tacómetro (m)
rheumatism reumatismo (m)
rhubarb ruibarbo (m)
rib costilla (f)
rice arroz (m)
ride pasear
right derecha
right to remain silent derecho de recusación de declaración (m)
rim aro (m)
ring anillo (m)
ring finger dedo anular (m)
rinse enjuagar
river río (m)
river boat trip viaje por el río (m)
roast asado (m)
roast beef rosbif (m)
rob desvalijar
robe bata (f)
rocky shoreline costa rocosa (f)
roe hueva de pescado (f)
roll panecillo (m)
rollerblades patines (m)
rollerblading patinar
rolling pin rodillo (m)
romanesque estilo románico (m)
romantic romántico
roofer tejador (m)
room habitación (f)
room number número de la habitación (m)
room service servicio de habitaciones (m)
rooster gallo (m)
root (of the tooth) raíz (f)
root canal work tratamiento de la raíz (m)
rope cuerda (f)
rose rosa (f)
rosemary romero (m)
rosette rosetón (m)
rouge colorete (m)
round steak pierna (f)

round-trip viaje de ida y vuelta (m)
round-trip ticket billete de ida y vuelta (m)
rowboat bote de remos (m)
rowing remar
rubber boots botas de goma (f)
rubber dinghy lancha inflable (f)
rubber raft balsa de goma (f)
rubber sole suela de goma (f)
rudder timón (m)
rugby rugby (m)
ruin ruina (f)
ruler regla (f)
rump steak asado de culata (m)
rusks galleta dulce (f)
rutabaga nabicol (m)
rye bread pan centeno (m)

S

sacristy sacristía (f)
saddle sillín (m)
saddle (of lamb) lomo (m)
saddlebag alforja (f)
safe caja fuerte (f)
safety pin imperdible (m)
saffron azafrán (m)
sage salvia (f)
sail vela (f)
sailboat barco de vela (m)
sailing navegación de vela (f)
sailing licence licencia de navegación de vela (f)
sailor marinero (m)
salad ensalada (f)
salesperson vendedor (m)
salmon salmón (m)
salmonella salmonela (f)
salt sal (f)
salt cod bacalao (m)
salutation saludo (m)
same mismo
sanctuary santuario (m)
sand arena (f)
sand pail cubo de playa (m)
sandals sandalias (f)
sandy beach playa arenosa (f)
sanitary napkin toallita higiénica (f)
sarcophagus sarcófago (m)
sardine sardina (f)
satin raso (m)
Saturday sábado

sauerkraut chucrut (m)
sauna sauna (f)
sausage embutido (m)
savoy cabbage col rizada (f)
saw sierra (f)
say decir
scales báscula (f)
scallion cebolleta (f)
scallop escalope / escalopa (m,f)
scanner escáner (m)
scarf chal (m)
schedule horario (m)
sciatica ciática (f)
scientist científico (m)
scissors tijeras (f)
scrambled egg huevo revuelto (m)
screen pantalla (f)
screw tornillo (m)
screwdriver destornillador (m)
scrubbing brush cepillo para fregar (m)
sculpture escultura (f)
sea mar (m)
sea bass lubina (f)
sea bream besugo (m)
sea pike merluza (f)
sea urchin erizo de mar (m)
seahorse caballo marino (m)
seasick mareado
season ticket billete estacional (m)
seat asiento (m)
seat belt cinturón de seguridad (m)
seaweed algas (f)
second segundo (m)
second hand store tienda de artículos usados (f)
security fianza (f)
security check control de seguridad (m)
sedative sedante (m)
see ver
self-timer retardador de disparo (m)
sell vender
semolina sémola (f)
sender remitente (m)
senior citizen persona madura (f)
September septiembre (m)
sequoia secuoya (f)
sewing kit avíos de costura (m)
sewing needle aguja de coser (f)

shadow sombra (f)
shampoo champú (m)
shares acciones (f)
shark tiburón (m)
shatter trizar
shaving brush brocha de afeitar (f)
shaving cream crema de afeitar (f)
sheep oveja (f)
sheep's milk cheese queso de leche de oveja (m)
sheet ice hielo resbaladizo (m)
shellfish mariscos (m)
sheriff alguacil (m)
shiny brillante
shirt camisa (f)
shit mierda (f)
shock absorber amortiguador (m)
shoe zapato (m)
shoe brush cepillo para zapatos (m)
shoe polish crema para zapatos (m)
shoe store zapatería (f)
shoelaces cordones (m)
shoemaker zapatero (m)
shopping bag bolsa de compras (f)
shopping basket cesta de compras (f)
shopping cart carro de compras (f)
shopping center centro comercial (m)
shore excursion excursión por la costa (f)
short corto
short circuit cortocircuito (m)
short novel novela corta (f)
shorts pantalón corto (m)
short-sighted miope
shoulder hombro (m)
shoulder bag bolsa en bandolera (f)
shovel pala (f)
shower ducha (f)
showers chaparrón (m)
shutter persiana (f)
shuttlecock volante (m)
sick enfermo
side aisle nave lateral (f)
side dishes guarniciones (f)
sideburns patillas (f)
sideview mirrors espejos exteriores (m)
sidewalk acera (f)
signature firma (f)

silk seda (f)
silver plata (f)
silverware cubiertos (m)
single soltero
single bed cama individual (f)
single cabin camarote individual (m)
sinker plomada (f)
sister hermana (f)
size tamaño (m)
skate patín (m)
skateboard tabla de patín (f)
sketch pad bloc de dibujo (m)
ski esquí (m)
ski boots bota de esquiar (f)
ski instructor instructor de esquí (m)
ski lift telesquí (m)
ski pass tarjeta de esquí (f)
ski pole bastón de esquí (m)
ski run pista de esquí (f)
skiing esquiar
skilled worker obrero especializado (m)
skin piel (f)
skirt falda (f)
sky diving paracaidismo (m)
skyscraper rascacielos (m)
sled trineo (m)
sleeper coche-litera (m)
sleeping bag saco de dormir (m)
sleeping car coche-cama (m)
sleeping pills pastillas para dormir (f)
sleet nieve granizada (f)
sleeve manga (f)
slide frame marco para diapositivas (m)
slip enagua (f)
slippers zapatillas (f)
slot machine máquina tragamonedas (f)
slow lento
small pequeño
small parcel paquete pequeño (m)
smallpox viruela (f)
smell oler
smelt eperlano (m)
smoke fumar
smoked ahumado
smoked salmon salmón ahumado (m)

smoking section sección de fumadores
sneakers zapatillas (m)
snorkel esnórquel (m)
snow nieve (f), nevar
snow chains cadenas antideslizantes (f)
snowboard monoesquí (m)
soap jabón (m)
soccer fútbol (m)
soccer ball pelota de fútbol (f)
socket toma de corriente (f)
socks calcetines (m)
soda soda (f)
soft drink refresco (m)
soft-boiled egg huevo pasado por agua (m)
sole suela (f), lenguado (m)
some algún
son hijo (m)
son-in-law yerno (m)
sore throat dolor de garganta (m)
sorry perdón
sound card tarjeta de sonido (f)
soup sopa (f)
sour cream nata ácida (f)
souvenir shop tienda de regalos (f)
soy sauce salsa de soja (f)
spaghetti espaguetis (m)
spare parts piezas de recambio (f)
spare ribs chuletas (f)
spare wheel rueda de recambio (f)
spark plug bujía (f)
speak hablar
speaker altavoz (m)
specialist especialista (m)
speedometer velocímetro (m)
spice condimento (m)
spider crab centolla (f)
spinach espinaca (f)
spinal column columna vertebral (f)
spin-dry centrifugar
spin-dryer centrifugadora (f)
spirits alcohol (m)
splendid magnífico
spoke (wheel) rayo (m)
sponge esponja (f)
spoon cuchara (f)
sport deporte (m)
sporting goods store tienda de artículos de deporte (f)

sprain luxación (f)
spring primavera (f)
square plaza (f)
square kilometer kilómetro cuadrado (m)
square meter metro cuadrado (m)
squash squash (m)
squid calamar (m)
stadium estadio (m)
stag ciervo (m)
stain remover quitamanchas (m)
stainless steel acero inoxidable (m)
stairways escaleras (f)
stamp estampilla (f), sello (m)
starboard estribor (m)
starfish estrella marina (f)
starter motor de arranque (m)
statement declaración (f)
stationery papel de cartas (m), artículos de papelería (f)
statue estatua (f)
steak bistec (m)
steal robar
steamed rehogado
steamer barco de vapor (m)
steeple campanario (m)
steering dirección (f)
steering wheel volante (m)
stereo system equipo estéreo (m)
stern popa (f)
stew guisar
still todavía
stirred revuelto
stirring spoon cucharón (m)
stitch in the side dolores de costado (m)
stockings calcetines largos (m)
stomach estómago (m)
stomachache dolor abdominal (m), dolor de estómago (m)
stop parada (f)
stopover escala (f), parada (f)
stopper tapón (m)
stopwatch cronómetro (m)
storm tormenta (f)
straight ahead siempre recto
strain distensión (f)
strainer colador (m)

strand mechón (m)
strange raro
straw paja (f)
strawberry fresa (f)
street calle (f)
street number número de casa (m)
streetcar tranvía (m)
string cordón (m)
string beans judías verdes (f)
strong fuerte
student estudiante (m), alumno (m)
stuffed relleno
sturgeon sollo (m)
subway metro (m)
suckling pig lechón (m)
suction pump bomba de succión (f)
suede gamuza (f)
sugar azúcar (m)
sugar substitute sustituto del azúcar (m)
suit traje (m)
suitcase maleta (f)
suite suite (f)
summer verano (m)
sun sol (m)
sun glasses gafas para el sol (f)
sun umbrella sombrilla (f)
sunblock protección solar (f)
sunburn quemadura por el sol (f)
Sunday domingo (m)
sunflower girasol (m)
sunflower oil aceite de girasol (m)
sunflower seeds semillas de girasol (f)
sunrise salida del sol (f)
sunroof techo corredizo (m)
sunset puesta del sol (f)
sunstroke insolación (f)
super excelente
supermarket supermercado (m)
supplier proveedor (m)
surcharge suplemento del billete (m)
surf oleaje (m)
surfboard tabla de surf (f)
surfing surf (m)
surgeon cirujano (m)
suspenders tirantes (m)
swab citología (f)
swamp pantano (m)
sweater suéter (m)
sweet dulce

sweet potatoes patatas dulces (f)
sweetbread mollejas (f)
sweetener dulcificante (m)
swell marejada (f)
swelling tumefacción (f), hinchazón (f)
swimmers nadadores
swimming goggles gafas para nadar (f)
swimming pool piscina (f)
swimming ring flotador (m)
swimming trunks traje de baño (m)
swindler estafador (m)
switchboard cuadro de conexión manual (m)
swollen hinchado
swordfish pez espada (m)
synagogue sinagoga (f)
synthetic fiber fibra sintética (f)
syringe jeringa (f)
syrup jarabe (m)

T
table mesa (f)
table tennis ping-pong (m)
tablecloth mantel (m)
tail rabo (m)
taillight luz trasera (f)
tailor sastre (m)
take tomar
takeoff salida (f)
tamarind tamarindo (m)
tampons tampones (m)
tangerine mandarina (f)
tangy picante
tank tanque (m)
tarragon estragón (m)
taste degustar
tax impuesto (m)
tax advisor asesor fiscal (m)
taxi driver taxista (m)
tea té (m)
teacher maestro (m)
teaspoon cucharilla (f)
technical book libro técnico (m)
telegram telegrama (m)
telephone teléfono (m)
telephone book guía telefónica (f)
telephone booth cabina telefónica (f)
telephone connection conexión telefónica (f)
telephone directory guía telefónica (f)

telephone line línea telefónica (f)
telephone number número de teléfono (m)
telephoto lens teleobjetivo (m)
television televisión (f)
telex télex (m)
tell contar
temple templo (m)
tendon tendón (m)
tennis tenis (m)
tennis ball pelota de tenis (f)
tennis racket raqueta de tenis (f)
tent tienda (f)
tent peg estaca (f)
tent pole palo de la tienda (m)
terrace terraza (f)
terrific maravilloso
terry cloth tejido de rizo (m)
tetanus tétano (m)
thank you gracias
that ese, esa
that one ese, esa
thaw deshielo (m)
theater teatro (m)
theft robo (m)
then entonces
there allá, allí
therefore por eso
thermometer termómetro (m)
thermos termo (m)
thief ladrón (m)
thigh muslo (m)
thimble dedal (m)
think pensar
thirst sed (f)
this one éste, ésta
thread hilo (m)
through por
thumb dedo pulgar (m)
thumb tacks chinches (f)
thunder trueno (m)
thunderstorm tormenta (f)
Thursday jueves
thyme tomillo (m)
ticket billete (m)
ticket counter taquilla (f)
ticket inspector inspector (m)
tie corbata (f)
tie pin alfiler de corbata (m)
tight ceñido
tights medias (f)
time of delivery plazo de entrega (m)

timetable horario (m)
tip propina (f)
tire neumático (m)
tired cansado
tissue pañuelo de papel (m)
toast pan tostado (m)
toaster tostador (m)
tobacco tabaco (m)
tobacco store estanco (m)
today hoy
toe dedo del pie (m)
toilet paper papel higiénico (m)
tomato juice zumo de tomate (m)
tomatoes tomates (m)
tomorrow mañana
ton tonelada (f)
tongue lengua (f)
tonsil amígdala (f)
tonsillitis amigdalitis (f)
too much demasiado
tool herramienta (f)
tooth diente (m)
toothache dolor de muelas (m)
toothbrush cepillo de dientes (m)
toothpaste pasta dentífrica (f)
tornado ciclón (m)
tow remolcar
towel toalla (f)
tower torre (f)
towing cable cable para remolcar (m)
towing service servicio de grúa (m)
town hall ayuntamiento (m)
toy juguete (m)
toy store juguetería (f)
track andén (m)
track and field atletismo (m)
track shoes zapatos de deporte (m)
tractor tractor (m)
trademark marca de fábrica (f)
traffic light semáforo (m)
tragedy tragedia (f)
trailer caravana (f)
trainee aprendiz (m)
tranquilizer sedante (m)
transept nave transversal (f)
transfer hacer transbordo, giro (m)
transit travesía (f)

transmission transmisión (f)
transportation costs gastos de transporte (m)
trash bag bolsa de basura (f)
travel agency agencia de viaje (f)
traveler's check cheque de viajero (m)
traveling bag bolsa de viaje (f)
travelling crib cuna de viaje (f)
tree árbol (m)
trial proceso (m)
trillion billón
tripe mondongo (m)
tripod trípode (m)
trout trucha (f)
trunk maletero (m)
try on probar
t-shirt camiseta (f)
Tuesday martes
tuna atún (m)
turbot rodaballo (m)
turkey pavo (m)
turn signals intermitente (m)
turnips nabos (m)
turnpike autopista (f)
tuxedo esmoquin (m)
TV televisor (m)
tweezers pinzas (f)
twine bramante (m)
typhoon tifón (m)

U
ugly feo
ulcer úlcera (f)
umbrella paraguas (m)
uncanny inquietante
uncle tío (m)
unconscious desmayado
underpants calzoncillos (m)
undershirt camiseta (f)
understand entender
underwear ropa interior (f)
unit unidad (f)
United States Estados Unidos
university universidad (f)
unleaded sin plomo
unusual inusual
urologist urólogo (m)
uterus útero (m)

V
vacation apartment apartamento de vacaciones (m)
vacation house casa de vacaciones (f)

vacation spot lugar turístico (m)
vacuum cleaner aspiradora (f)
vagina vagina (f)
vaginitis vaginitis (f)
valley valle (m)
valuables objetos de valor (m)
valve válvula (f)
vanilla vainilla (f)
v-belt correa en cuña (f)
VCR videograbadora (f)
vegetable soup sopa de verdura (f)
vegetables verduras (f)
vein vena (f)
velvet terciopelo (m)
ventilator ventilador (m)
vertically striped a rayas verticales
very muy
vest chaleco (m)
veterinarian veterinario (m)
videocassette videocasete (m)
vinegar vinagre (m)
vineyard viña (f)
vintage vendimia (f)
viper's grass escorzonera (f)
viral illness enfermedad viral (f)
vision agudeza de la vista (f), visión (f)
vodka vodka (m)
volcano volcán (m)
volleyball voleibol (m)
voltage voltaje (m)
vote voto (m)

W
waffle barquillo (m)
waiter camarero (m)
waiting room sala de espera (f)
wall clock reloj de pared (m)
wallet cartera (f)
walnut nuez (f)
wardrobe armario (m)
warm caliente
warning triangle triángulo de emergencia (m)
washbasin lavabo (m)
washing machine lavadora (f)
washroom cuarto de aseo (m)
wastepaper basket papelera (f)

watch reloj de pulsera (m), reloj (m)
watchmaker relojero (m)
water agua (m)
water bottle botella de agua (f)
water jug bidón de agua (m)
water polo polo acuático (m)
water pump bomba de agua (f)
water supply suministro de agua (m)
water wings nadaderas (f)
watercolor acuarela (f)
watercolor crayon gis de acuarela (m)
watercolor paper papel para acuarela (m)
watercress berro (m)
waterfall cascada (f)
watering can regadera (f)
watermelon sandía (f)
waterproof impermeable
waterskiing esquí acuático (m)
wave ola (f)
wax cera (f)
wax-bean frijol (m)
weak débil
Wednesday miércoles
weekend fin de semana (m)
weight pesa (f), peso (m)
weight belt cinturón de plomo (m)
well pozo (m)
wetsuit traje de buceo (m)
what qué
wheat trigo (m)
wheel rueda (f)
wheelchair silla de ruedas (f)
when cuándo
where dónde
whipped cream crema batida (f)
whisk batidor (m)
white blanco
white beans habichuelas blancas (f)
white bread pan blanco (m)
white cabbage col blanco (f)
white wine vino blanco (m)
Whitsun Pentecostés (m)
who quién
wholewheat bread pan integral (m)

whooping cough tos ferina (f)
why por qué
wide ancho
wife esposa (f)
wig peluca (f)
wild duck ánade (m)
win victoria (f)
wind viento (m)
windbreaker parca (f)
window ventana (f)
window pane cristal de la ventana (m)
window seat asiento junto a la ventana (m)
windshield parabrisas (m)
windshield wiper limpia-parabrisas (m)
windsurfing windsurf (m)
windward barlovento (m)
wine vino (m)
wine list carta de vinos (f)
wine store tienda de vinos (f)

winter invierno (m)
wisdom tooth muela del juicio (f)
with con
without sin
wool lana (f)
work trabajar
worker obrero (m)
working hours horas de trabajo (f)
worsted estambre (m)
wound herida (f)
wrapping paper papel para envolver (m)
wrench llave (f), llave de tuercas (f)
wrestling lucha (f)
wrinkle-free inarrugable
wrist muñeca (f)
wristband correa de pulsera (f)
write escribir
write down apuntar
wrong equivocado

X
X-ray radiografía (f)

Y
yacht yate (m)
year año (m)
yellow amarillo
yellow pages páginas amarillas (f)
yellow plum ciruela amarilla (f)
yes sí
yesterday ayer
yogurt yogur (m)
young joven
young fattened hen pularda (f)
youth hostel albergue juvenil (m)

Z
zip code código postal (m)
zipper cremallera (f)
zoo parque zoológico (m)
zoology zoología (f)
zucchini calabacines (m)
zwieback galleta dulce (f)

Propiedad literaria (© Copyright) 2001 de Koval Verlag GmbH, Weilerbachstrasse 44, D-74423 Unterfischach, Alemania.

Primera edición para los Estados Unidos y Canadá publicada en 2003 por Barron's Educational Series, Inc.

Dirigir toda correspondencia a:
Barron's Educational Series, Inc.
250 Wireless Boulevard
Hauppauge, New York 11788
http://www.barronseduc.com

Número de Libro Estándar Internacional 0-7641-2283-5
Número de Tarjeta del Catálogo de la Biblioteca del Congreso 2002101238

Impreso en China
9 8 7 6 5 4 3 2